应用型人才培养创新教材

# 美育教程

周宏 甄珍 主编

MEIYU
JIAOCHENG

化学工业出版社

·北京·

## 内容简介

党的二十大报告把"中华民族凝聚力和中华文化影响力不断增强"作为未来五年我国发展的主要目标之一。《美育教程》以审美和人文素养培养为核心，以中华优秀传统文化为底蕴，从知识性、通俗性、可读性出发，密切结合高职学生实际需要编写而成。主要内容包括美育概述、中国传统美学及礼仪、艺术的美学、辞章文字的美学、山水的美学、科技的美学、生活的美学、社会之美几个部分。本书能让学生了解美、欣赏美、践行美、创造美，既提高个人素养及审美品位，同时也激发他们对祖国文化的热爱和民族自豪感，培养具有创新精神和社会责任感的高素质人才。

本书开发了丰富的数字资源，方便师生线上线下教学互动，可通过扫描书中二维码查看。

本书可作为高等职业院校和应用型本科院校的美育教材，同时也可作为大众美育的普及性读本。

**图书在版编目（CIP）数据**

美育教程 / 周宏，甄珍主编． -- 北京 ： 化学工业
出版社，2025.2． --（应用型人才培养创新教材）．
ISBN 978-7-122-47041-6

Ⅰ．G40-014

中国国家版本馆CIP数据核字第20251DK755号

责任编辑：李仙华
文字编辑：沙　静　张瑞霞
责任校对：李　爽
装帧设计：史利平

出版发行：化学工业出版社
　　　　　（北京市东城区青年湖南街13号　邮政编码100011）
印　　装：河北延风印务有限公司
787mm×1092mm　1/16　印张9¾　字数243千字
2025年8月北京第1版第1次印刷

购书咨询：010-64518888　　　售后服务：010-64518899
网　　址：http://www.cip.com.cn
凡购买本书，如有缺损质量问题，本社销售中心负责调换。

定　　价：39.00元　　　　　　版权所有　违者必究

# 前言

　　培养德智体美劳全面发展的社会主义建设者和接班人，一直是我国提倡的教育方针。党的二十大报告再次把美育提到了重要位置。2020 年 10 月，中共中央办公厅、国务院办公厅印发了《关于全面加强和改进新时代学校美育工作的意见》，旨在全面加强和改进新时代学校美育工作，切实提升学生的审美和人文素养。为了贯彻落实"以美育人、以美化人、以美培元"的精神以及党的二十大报告相关要求，满足新时代大学美育课程教学的需要，我们针对高职学生特点，编写了这本美育教材，力求通俗易懂、理实结合，以期有针对性地培养大学生的审美意识，提升他们的审美素养。既注重弘扬中华美育精神，以美促教化，又注重与时俱进，增加新时代的内容，以美促科技。

　　本书每章设有学习目标、素质目标，开篇以案例导入，最后以实践活动结尾，中间既有理论也有赏析，可读性和实践性强。每个章节以"美的赏析"进行导入，以"美的视线"展开讲述，以"美的思辨"进行章节重点的讨论提问，以"美的拓展"来拓宽读者的视野，最后以"向美而行"进行实践活动。

　　本书由周宏、甄珍担任主编，张璞、娄冰娜、樊丽丽担任副主编，史晓甜、王军、王燕、刘淑娟、张成飞、刘耀泽参编。甄珍对全书进行了统稿。

　　本书在编写过程中，有幸得到中国高等教育学会美育专业委员会副会长陆阳秋教授的宝贵指导，同时知名文化学者邢树坤老师对本书进行了审阅，他们的宝贵意见为本书的顺利出版奠定了坚实基础，在此表示深深的谢意！本书在编写过程中，参考了相关资料，谨在此向这些资料作者表示诚挚的感谢。

　　本书开发了丰富的数字资源，可通过扫描书中二维码查看，同时提供了电子课件，可登录 www.cipedu.com.cn 免费获取。

　　由于编者水平和经验有限，不当之处，敬请各位读者批评指正。

编者

2025 年 01 月

# 目录

**第八章** ·**社会之美** —————— **138**

**参考文献** —————— **146**

# 二维码资源目录

# 第一章

# 美育概述

【学习目标】

- 知识目标：让学生了解美育的有关知识以及审美的相关内容，对美以及审美有清晰的认识。
- 能力目标：培养学生的审美感知力、审美理解力、审美联想力和审美想象力。

【素质目标】

让学生学会在生活之中发现美、欣赏美、运用美，以审美的态度对待自然和社会。

## 第一节 美育简介

美在于发现，生活中不是缺少美，而是缺少发现美的眼睛。

——罗丹

【美的赏析】

动画电影《长安三万里》上映后大受欢迎，它深刻挖掘并生动展现了中华传统文化的精髓与魅力。影片以高适追忆与李白的一生往事为线索，展现了盛唐的诗词之美、城阙之美、礼仪之美。充满唐风唐韵的诗词歌赋、音乐绘画、舞蹈书法陆续呈现，同时展现了个人理想与现实之间的冲突与融合，满含家国情怀与对黎民苍生的责任，传递出关于友情的深刻思考。总之，《长安三万里》是一部集审美、文化、历史、情感于一体的优秀动画电影。

【美的视线】

在 21 世纪 5G 时代的背景下，人们的生活发生了翻天覆地的变化，经济获得了巨大发展，社会日益繁荣，我们享受着物质生活带来的便利与舒适。与此同时，随着网络文化的蓬勃兴起，经典被边缘化，传统在流失，人们在快餐文化之中丧失了自己的判断和思考，人文精神逐渐流失，人文素养亟待提高。由于缺少对美的判断能力，一些人在人格发育、行为举止、理想追求上出现偏差，对人的精神世界的构建形成了挑战。面对美与非美的二律背反，加强美育教育成为当务之急。

## 一、美育的内涵

什么是美？生活中有些事物能使人们的情感和精神发生积极向上的变化，它就是美的，反之，那些引发消极情感的事物，就是丑的。美是客观事物引发的愉悦体验及积极的精神变化所带来的心理感受。

美的表现形式有视觉形象、真实情境、文化意象、感官知觉、心理感受。美的种类众多，有自然美、社会美、艺术美、文学美、科技美。

自然美是一切美的基础；社会美是现实生活中社会事物所表现出来的美；艺术美是指通过对自然美和社会美的提炼加工后，呈现于艺术作品中的美；文学美是指文学作品中所呈现出来的美；科技美是指在科学技术中所呈现出来的美。

什么是美育？美育是一种以培养审美能力为根本出发点的教育。美育通常采取自觉自愿的自由方式进行。它既不同于法律对外在行为规范的强制性，又不同于道德对内在思想修养的约束性。从教育的角度来看，美育不仅是全面发展教育的重要组成部分，而且可以通过审美活动，提高人们的审美素质。

席勒将美育界定为情感教育，他说："只有精神能力的协调提高，才能产生幸福和完美的人。"席勒的美育理论是一种人生美学，与我国古代美学中的诗教、乐教传统有着异曲同工之妙，旨在实现人性的完整，是对人的全面发展教育的呼唤。

存在主义美学强调艺术与审美在帮助人们摆脱生存困境、实现自由与解放方面的重要作用。萨特把艺术与审美看作人的生存状态由困窘向自由的提升。实用主义的杜威，则从科学主义的角度出发，提出了艺术生活化的理念。法国当代哲学家福柯的生存美学思想则强调，把每个人的生活变成艺术品，要求从个体出发而突破规范化的束缚。叔本华认为艺术是人生的花朵，开辟了人生美学及广义的美育之路。尼采把审美与人生紧密关联，提出了"艺术是生命的伟大兴奋剂"的重要观点。德国当代著名哲人、美学家海德格尔，提出了人类应该诗意地栖居于这片大地的重要命题，他认为，诗意即审美的生活，是人们追求美好生活的一种理想状态。

曾经担任过北京大学校长的蔡元培，也是现代史上大力倡导美育的教育家。1912年，他在《对于教育方针之意见》中对美育进行了深入的解释："美感者，合美丽与尊严而言之，介乎现象世界与实体世界之间，而为津梁。"

王国维认为美育具有使人忘却个人私欲、达到高尚纯洁的境界的独特功能，通过美育，可以提升人们的道德品质，树立美好的人生观和世界观。朱光潜将审美和艺术看作怡情养性的重要途径，主张人生的艺术化。宗白华认为，自然和艺术的美都是超越了个人私欲的人格美的反映。

马克思的预言中所说的艺术家主要是指生活的艺术家而非专业艺术家，即人们将以艺术的、审美的态度去对待生活、社会和人生，这也正是美育的特殊作用之所在。

美育虽然古已有之，但是作为一门新兴的学科，它又包含了美学、心理学、教育学、哲学、社会学等诸多方面，展现出边缘交叉的综合性特点。比如，从社会学来看，美育同社会和时代的广阔背景紧密相连，同政治、经济、文化密不可分，不同的时代有着不同的审美观念和审美标准，如衣着的变迁、发型的更迭都鲜明地体现了这一点。

我国现当代审美教育始终贯穿着人生教育的理念，美育与人生教育紧密结合，是情操教育与心灵教育，也是激发想象力和培养创新意识的教育，更是建设和谐社会所必需的德智体美劳全面发展的新一代人才的教育。

美育致力于培养具有健康审美态度的生活艺术家，而不是培养掌握具体艺术技能的专业艺术家。让人在拥有正确的世界观、价值观和人生观的基础上，通过提升文艺素养与情感力，使个体能够以审美的眼光和心态去审视和体验生活，进而达到一种更为诗意的生存状态。

## 二、美育的特征

### 1. 形象性

美育通过艺术作品中那些富有表现力和感染力的形式和符号语言，如绘画作品中的斑斓色彩、音乐作品中的动人旋律、舞蹈作品中的曼妙身姿，将复杂的思想情感转化为丰富的形象化的艺术语言传递给观众，激发观众的感官反应和想象力，引起观众的兴趣和思考，使观众对作品的感受和情感产生共鸣。观众能够更好地感知和欣赏美的世界，从而获得审美的愉悦和身心的满足。

形象性是美育的显著特点之一，美育以感性的方式陶冶人。美育激发受教育者通过美的形象来领悟美的内蕴，无论是自然美、社会美，还是艺术美，它们的首要特征就是形象性。

孔子所言"诗，可以兴，可以观，可以群，可以怨。迩之事父，远之事君，多识于鸟兽草木之名"，蕴含了艺术形象美的感染力。

### 2. 愉悦性

美育是一种愉快教育。早在古罗马时期，贺拉斯就提出了"寓教于乐"的主张，强调通过艺术欣赏活动，不仅可以获得精神上的审美满足，使身心得到积极的休息和放松，而且还可以使人们从中受到教育和启迪。贺拉斯主张教育要兼备教化和审美的双重功能，促进人全面发展。美的事物能使人获得精神上的愉悦和满足，色美以感目，意美而感心。美育是以情感人，美育过程中情感是起核心作用的动力因素。

### 3. 普遍性

美是无时不在、无处不在的，美育也就无时不可进行，无处不可进行。美育涉及人类生活的方方面面，审美教育在现当代社会的生活化趋势，使得人们在日常生活中也可以随时受到美的熏陶和教育，美育成了一种普遍存在的生活教育或人生教育。

## 三、美育的意义

中国美育学科的奠基人之一蔡元培曾经说过，美育的目的在于"陶冶活泼敏锐之性灵，养成高尚纯洁之人格"。

美育能够提升人们的审美素养，启迪人们的心灵，追寻生命的意义。

### 1. 有助于培养人的创造力

美育的过程就是审美能力培养的过程。审美能力的培养有助于人们丰富想象力的培养，有助于灵感的迸发和创新意识的培养，进而激发创造活力。在我国提出科技兴国战略后，美育的价值愈发重要。

著名科学家李政道先生说过："科学与艺术事实上是一个硬币的两面，都源于人类活动最高尚的部分，都追求着深刻性、普遍性，永恒而富有意义。"

钱学森先生曾经表示，夫人蒋英为他带来艺术领域的熏陶，这些艺术的修养对他后来的工作尤为重要，开拓了他的科学创新思维。他坦言："我们当时搞火箭的一些想法，就是在和艺术家们交流中产生的。"

由于新的技术革命往往源自多学科之间的交叉融合与突破性进展，借助美育培养所形成的丰富的想象力，激发了人们的探索欲和创造力。因此，美学知识已经成为当代科技工作者知识结构的重要方面，只有遵循美的规律，追求生产之美、技术之美、工程之美，才会获得长足发展。

### 2. 有助于提升人的精神境界

审美能力的提高一方面能够引导人们的趣味逐渐变得高雅，人生格调获得提升，达到修身养性的目的；另一方面也可以通过经典艺术，培养人们对待世界的超然态度，消除人们的过分私欲，把人引向内心纯洁高尚的人生境界，而这正是富国强民的基础。蔡元培认为，纯粹的美育，能陶冶人们的感情，使人有高尚纯洁的习惯，并使人超越人我之见，渐灭自私自利之心。

### 3. 有助于塑造人的健全人格

认识能力、意志能力、审美能力，是一个健全发展的人所必不可少的心理机能，是人的心理结构健全发展的重要组成部分，缺一不可。其中审美能力是构成美好性格的必要条件，它使自身的心理与人格得到和谐发展，能够敏锐地感知到生活中的美好和高尚。

### 4. 有助于提高人的思想品德情操

人的思想品德修养是从理智上对客观社会现象做出正确的评价，而这种评价总是以情感上的爱憎为前提。由于美育本身就包含着荣辱感、善恶感、羞耻心等道德情感，同时具有强烈的感染力，因此美育是培养高尚道德情操的重要手段，并有助于进行思想品德教育。

### 5. 有助于提高人的学习和工作效率

审美活动有助于提高人的学习和工作效率。美国诺贝尔奖获得者、现代神经生理学家斯佩里，研究发现了人的大脑左右半球的功能分工，即左半球主要负责人的语言、数学、逻辑等抽象思维活动；右半球则更擅长进行图像、音乐等非语言信息的管理。而大脑皮质的活动，表现为兴奋与抑制相互交替的过程。如果大脑的某个部分长期处于兴奋状态，就会导致疲劳，从而会降低学习和工作效率。因此当人们在紧张的学习之后，进行一些轻松的文娱活动，能够帮助大脑左半球得到休息，从而提高学习和工作效率。另外，神经科学家莱维也认为，大脑右半球的功能偏重空间、视觉形象等方面，而大脑左半球的功能则偏重时间、概念、语言等方面。因此，审美教育通过动听的音乐、优美的形象能激活和强化右脑功能，进行右脑开发。综上所述，审美活动可以调节人的大脑机能，提高学习和工作效率。

著名的生物学家达尔文曾经说过："如果我能够再活一辈子的话，我一定给自己规定读一些诗歌作品，每周至少听一次音乐，要是这样，我脑中那些现在已经衰弱了的部分就可以保持它们的生命力。"在审美教育中，当主体在欣赏美的过程中，大脑中会产生内啡肽等积极物质，从而在心理上产生轻松愉快的正效应，即在美育中经常所说的肯定性的情感评价，进而在心理上和生理上有利于促进大脑产生积极能量。很多科学家都有艺术方面的兴趣爱好。比如爱因斯坦喜欢拉小提琴和弹钢琴。钱学森对书画音乐颇有研究，学过水彩画，在西安交通大学求学的时候是学校管弦乐队的圆号手。他对音乐艺术有着独到的理解，曾对电影《向宇宙进军》的背景音乐提出了很多具有建设性的指导意见。对我国原子弹、氢弹作出重大贡献的汪德熙教授有很高的音乐水平，不仅是一位钢琴家，还会调钢琴。

### 6. 有助于自然与社会的和谐发展

当人们学会以审美的态度去审视自然时，也就学会欣赏到自然界的奇妙与美丽，就会从人类终极关怀的高度理解自然美，进而促进大自然和人类的和谐发展。人与自然的关系是人和世界最基本的关系，这种根本性联结促使人类逐渐形成与自然平等友好相处的生态意识。

当人们学会以审美的态度去审视社会时，就会更加敏锐地分辨美与丑的行为，有助于减少社会中的丑恶现象，就会自觉地践行古代先贤倡导的"仁者爱人"的传统精神，就会以建立和谐发展的美好社会作为自己的奋斗目标。一个具有健康审美力的人往往会更加热爱祖国、热爱生活。

总之，美育的目的在于培养生活的艺术家，培养人们以审美的态度来审视和对待现实与生活。如果我们每个人都具备了较强的审美力，就会以满腔的热爱之情对待国家和社会、工作和家庭，我们的社会也将会更加和谐与美好。

## 第二节　审美能力

审美观念是随着修养而进步的，修养愈深，审美程度愈高。

——蔡元培

【美的赏析】

勒内·托姆是法国著名数学家。有一次，他同两位古人类学家讨论问题。谈到远古的人们为什么要保存火种时，一位人类学家说，因为保存火种可以取暖御寒；另一位人类学家说，因为保存火种可以烧出鲜美的肉食。而托姆认为夜幕来临之际火光灿烂多姿是最美的。

## 【美的视线】

## 一、审美能力的内涵

审美能力作为人类特有的精神素养，不仅帮助我们发现美和鉴赏美，还在构筑个体精神世界、推动社会文化发展方面发挥着不可替代的作用。

### 1. 审美感知力

审美感知力是审美活动的起点，开启了审美大门。人类通过视觉、听觉等感官，感知审美对象的色彩、形状与声音等元素。当目睹璀璨的星空时，我们通过视觉感知繁星的分布与闪耀的光芒。值得注意的是，审美感知并非简单的生理反应，而是融入了个体的审美经验与情感，从而让我们初步领略到审美对象的美。

### 2. 审美理解力

审美理解力建立在审美感知的基础上，是人们对审美对象的内在价值和意义的理性思考。它超越了对事物表面的认知，深入对象的文化、历史、社会背景，探寻美的本质。以欣赏一幅绘画为例，我们不仅要感知画面的构图、色彩，还要了解作品创作的时代背景、画家的艺术风格与创作意图，才能理解作品所蕴含的思想情感和文化内涵，进而真正理解作品的审美意义。

### 3. 审美联想力

审美联想力指的是由当前审美对象引发，让人们联想到与之相关事物的心理过程。它以审美感知为基础，通过回忆和类比，将审美对象与个体的生活经验、知识储备相联系，极大地拓展了审美空间。看到傲雪绽放的寒梅，人们可能会联想到坚韧不拔的品质；观赏描绘丰收场景的画作，人们会联想到辛勤劳作带来的富足生活。审美联想丰富了我们的审美体验，让审美对象的内涵更加多元化。

### 4. 审美想象力

审美想象力是在审美联想的基础上，对脑海中的表象进行加工，创造出新形象的能力。它是审美能力中最具创造性的部分，能够突破现实的束缚，构建出独特的审美意境。在阅读奇幻小说时，读者借助想象力构建出书中光怪陆离的世界；艺术家在创作时，运用想象力将内心的情感转化为具体的艺术作品，为作品注入独特的魅力。

## 二、审美能力的塑造路径

### 1. 生活经历的体验

个体丰富的生活经历是审美能力形成的基石。丰富的生活体验为审美感知提供了源源不断的素材，塑造了独特的审美视角。一个领略过不同自然风光的人，对自然之美往往有着更深刻的感悟；经历过生活磨难的人，在欣赏艺术作品时更容易产生共情，体会作品的深层含义。情感体验在审美能力的形成过程中也至关重要，它让审美活动充满活力，使人们能够更敏锐地感知美、理解美。

### 2. 文化艺术的滋养

文化教育和艺术熏陶在审美能力的培养过程中发挥着引领作用。通过相关的文化学习，人们能够了解不同民族、不同时代的审美观念和艺术风格，开阔审美视野，提升审美认知。艺术教育则通过音乐、绘画、舞蹈等艺术形式的学习与欣赏，直接培养人们的审美感知力、想象力和创造力。观看艺术展览、音乐会、戏剧演出等活动，能够在无形中提升人们的审美素养。

### 3. 社会风尚的影响

不同的社会文化环境和审美风尚孕育出不同的审美观念和标准，这些观念渗透到社会生活的方方面面，影响着人们的审美选择。在倡导环保与自然和谐共生的社会环境中，人们更倾向于欣赏自然、简约的美；在追求个性与创新的社会氛围里，独特、前卫的审美风格更受追捧。

## 三、审美能力的培养

审美能力是在审美实践中逐步培养出来的，高雅的文艺作品、优美的环境等正面因素，会使人在熏陶与欣赏之中不仅逐步提高自己的审美能力，还能培养出健康的审美观和审美情趣。所以学会认知美、欣赏美、创造美，通过学习美育的相关知识，提高审美素养，进行审美实践，是培养健康的审美观以及较强的欣赏美与创造美能力的关键途径，进而以艺术审美的态度去对待生活、社会和人生，追求人类社会与自然的和谐发展，进而成为一个全面发展的人。

【美的思辨】

1. 李泽厚先生在《美学四讲》中将"审美"划分为三个层次：悦耳悦目、悦心悦意、悦志悦神，请谈谈你的理解。

2. 地质力学的创始人李四光先生创作了中国第一首小提琴独奏曲《行路难》。大数学家华罗庚有 60 多首令人称赞的诗歌作品发表并结集正式出版。普朗克是量子力学最重要的奠基人，他上中学时就擅长演奏钢琴、管风琴和大提琴，还曾为多首歌曲和一部轻歌剧作曲。普朗克和爱因斯坦讨论学术问题的间隙，常常合奏莫扎特的小提琴奏鸣曲，爱因斯坦拉小提琴，普朗克弹钢琴。量子力学的创始人中，泡利对德国诗人歌德的作品极有研究。

针对以上案例，请你说一说文学艺术审美素养与科学研究之间的关系。

## 【美的拓展】

### 美育与人生

蔡元培

人人都有感情，而并非都有伟大而高尚的行为，这由于感情推动力的薄弱。要转弱而为强，转薄而为厚，有待于陶养。陶养的工具，为美的对象，陶养的作用，叫作美育。

美的对象，何以能陶养感情？因为他有两种特性：一是普遍；二是超脱。

一瓢之水，一人饮了，他人就没得分润；容足之地，一人占了，他人就没得并立；这种物质上不相入的成例，是助长人我的区别、自私自利的计较的。转而观美的对象，就大不相同。凡味觉、嗅觉、肤觉之含有质的关系者，均不以美论；而美感的发动，乃以摄影及音波辗转传达之视觉与听觉为限。所以纯然有"天下为公"之概。名山大川，人人得而游览；夕阳明月，人人得而赏玩；公园的造像，美术馆的图画，人人得而畅观。齐宣王称"独乐乐不若与人乐乐"；"与少乐乐不若与众乐乐"；陶渊明称"奇文共欣赏"；这都是美的普遍性的证明。

植物的花，不过为果实的准备；而梅、杏、桃、李之属，诗人所咏叹的，以花为多。专供赏玩之花，且有因人择的作用，而不能结果的。动物的毛羽，所以御寒，人因有制裘、织呢的习惯；然白鹭之羽，孔雀之尾，乃专以供装饰。宫室可以避风雨就好了，何以要雕刻与彩画？器具可以应用就好了，何以要图案？语言可以达意就好了，何以要特制音调的诗歌？可以证明美的作用，是超越乎利用的范围的。

既有普遍性以打破人我的成见，又有超脱性以透出利害的关系；所以当着重要关头，有"富贵不能淫，贫贱不能移，威武不能屈"的气概；甚且有"杀身以成仁"而不"求生以害仁"的勇敢；这种是完全不由于知识的计较，而由于感情的陶养，就是不源于智育，而源于美育。

所以吾人固不可不有一种普通职业，以应利用厚生的需要；而于工作的余暇，又不可不读文学，听音乐，参观美术馆，以谋知识与感情的调和，这样，才算是认识人生的价值了。

## 【向美而行】

请选择你喜欢的一幅艺术作品，谈一谈你对其审美的感受与认识。

1-1  美育意义

# 第二章
# 中国传统美学及礼仪

## 【学习目标】

- 知识目标：让学生了解中国传统美学的理论以及传统礼仪的基本知识。
- 能力目标：让学生在生活实践中能践行优秀的传统礼仪。

## 【素质目标】

让学生能在中国传统美学的熏陶中，以及中国优秀传统礼仪的学习中，产生深深的文化自豪感，自觉传承中华优秀传统文化。

## 第一节　中国传统美学思想

"天行健，君子以自强不息"的儒家精神，以对待人生的审美态度为特色的庄子哲学，以及并不否弃生命的中国佛学——禅宗，加上屈骚传统，就是中国美学的精英和灵魂。

——李泽厚

## 【美的赏析】

国家广播电视总局2020年第二季度优秀国产纪录片《中国美》，对焦舞蹈、书法、京剧、昆曲等艺术领域十余位艺术家的个人自述和创作展示，将抽象的审美与具象的作品有机地进行联结，通过对代表性艺术形式的剖析，解读当下正在发生的审美创造，带领观众领会和思考中国美，完成了对中国传统美学的诗意表达。

## 【美的视线】

中国传统美学是由儒家美学、道家美学和佛学美学组成的，包括中和为美的儒家美学思想、自然为美的道家美学思想和空灵为美的佛家美学思想。这就使得即使对于同一事物的审美，由于蕴含着每个人不同的格局境界、修养风骨、人生况味，也会产生各有千秋的情感和意蕴。美的甲骨文写作🦅，像一个伸展双臂的人头戴羽毛等装饰物的样子，指漂亮、好看。甲骨文部落首领称🧍（大），顶天立地的模样。能担任部落首领，必然是德行高尚、有勇有谋之人。大在古字里面是与善、美、圣等一个级别的赞美用词，比如《孟子·尽心下》中孟子曰："充实之谓美，充实而有光辉之谓大。"一个德行高尚的人，才是真正的美。

中国传统美学是在儒家礼乐传统的基础上，广泛吸收了道家、禅宗的审美内涵的美学。中国传统美学的思想主要包括中和之美、和谐之美等。

## 一、中和之美

中华传统美学的思想源头，就是儒家所说的"中和"。从美学的角度看，"中和"是儒家的最高审美标准。《礼记·中庸》说："喜怒哀乐之未发，谓之中；发而皆中节，谓之和；中也者，天下之大本也；和也者，天下之达道也。致中和，天地位焉，万物育焉。"因为和，事物才能协调，才能带来愉悦感。而所谓"中和"，是指人们认识和解决问题所采取的不偏不倚、执中适度的思维方式。孔子主张执两用中，注重对中和之美的追求。中和思维的理论基础是儒家的"中庸之道"，要求人们在为人处世方面采取"适度"原则，反对"过"与"不及"。它既是古代朴素辩证法的表现，也是"天人合一"思想的体现。"中庸"是儒家的最高道德标准，孔子明确提出了"中庸之为德也"。在孔子的影响下，荀子也主张根据"中庸之道"来修身养性，培养中和思维。

在做人方面，孔子认为"文质彬彬，然后君子"，"中和"是君子应有的美德；在艺术创作方面，孔子认为诗歌《关雎》"乐而不淫，哀而不伤"，实现了"中和之美"；《乐记》中"乐者，天地之中和也"，"中和"被当作音乐的审美标准。在儒家思想的影响下，"中和之美"成为中国历代艺术家推崇的审美标准。古希腊亚里士多德的"中道之美"与中国传统的"中和之美"有着相似之处。他曾明确指出："过度与不及都属于恶，中庸才是德性"，"中庸是最高的善和极端的美"，"人们对于优秀成果的评论，习惯说增一分则过长，减一分则过短。这就是说过度与不及都是对优秀的破坏，只有中道才能保持它"。但不同的是，西方的"中道思维"后来被西方近代的"对立思维"所取代，而中国传统的"中和思维"却一直延传至今，可见"中和之美"是中华民族审美思维方式的显著特色。

## 二、和谐之美

中国传统美学历来主张"和谐即美"。儒家强调"人和"，即社会美；道家强调"天和"，即自然美；佛家强调"心和"，即心灵美。中国传统文化一直重视人与自然、人与人之间的和谐与统一，认为人应该与自然和谐相处，顺应自然的规律，反映了中国传统思想中对人的自我完善和与宇宙自然和谐相处的追求。尤其道家美学崇尚自然无为和朴素无华的审美观，更是主张"天人合一"，追求一种无为虚无之美。这种对自然美的崇慕和追求，对中华民族的审美思想具有深远的影响。同样的，禅宗美学以绝对自由的生命境界为最高追求，在本质上是一种追求生命自由的生命美学。王维的"行到水穷处，坐看云起时"等诗句，都体现出人在对宇宙自然的静默观照中与自然融为一体，个体生命与宇宙世界的和谐统一，这是禅宗美学追求的极致境界。

另外，各家各派都主张"乐和"即艺术美。孔子提出了艺术在社会中的积极作用，如"兴、观、群、怨"说，核心就是和谐。中国传统美学建立的艺术审美标准就是"和谐即美"，重视内容与形式的和谐，认为和谐是一切美好事物的共同特征，和谐统一即是美。

还有，儒家讲究"仁者爱人"，"仁"的本义是指人与人之间的相互亲爱，仁者爱人就是讲和谐。孔子所讲的"仁"，包括恭、宽、信、敏、惠、智、勇、忠、恕、孝、悌等道德内容。中国美学认为"仁"是美的内容，"和"是美的形式，"仁和之美"是道德内容与艺术形式的和谐统一。仁即善，是内在的美；和即协调，是外在的美。《论语》说："尽美矣，又尽善也。"是中国传统美学的最高境界。孔子所谓"质胜文则野，文胜质则史。文质彬彬，然后君子"，"知者乐水，仁者乐山"，孟子所谓"充实之谓美，充实而有光辉之谓大，大而化之之谓圣，圣而不可知之之谓神"等，所强调的就是美与善的和谐一致。

总之，无论是儒家、道家、禅宗还是在此基础上建立的艺术审美标准，都视"和谐为美"。和谐的内容既包括人与人之间的和谐，也包括人与自然和宇宙的和谐，以及道德内容与艺术形式的和谐统一。

## 第二节　讲究美学的中国礼仪传统

人无礼则不生，事无礼则不成，国家无礼则不宁。

——《荀子》

【美的赏析】

传说当年乾隆皇帝下江南，有一天，路经松江，他带了几个大臣微服来到一家茶馆坐下来歇脚。茶房端上几只碗来，随后站在数步远的地方，拎起大铜壶朝碗里倒茶。只见一条白线从天而降，茶水不偏不倚，滴水不洒，均匀地冲进碗里。

乾隆皇帝看得惊奇，禁不住上前拿过铜壶，学着茶房的样子，朝其余几只碗里倒去。大臣们见皇帝给自己倒茶，想谢恩，但又恐暴露了皇帝的身份，情急之下，灵机一动纷纷屈起手指，"笃笃笃……"不停地在桌上叩击。事后，乾隆皇帝不解地问大臣们："汝等何故以指叩桌？"大臣们答道："陛下给臣等倒茶，万不敢当，以手指叩桌，乃代叩头致谢也。"

以"手"代"首"，二者同音，这样，"叩首"为"叩手"所代，三个指头弯曲即表示"三跪"，指头轻叩九下，表示"九叩首"。至今还有不少地方行此礼，每当主人请客倒茶之际，客人即以叩手礼表示感谢。

【美的视线】

中国素有"礼仪之邦"之称，礼是内心丰盈的外显，"礼"在社会中无处不在。

《乐记》对礼乐的职能做了论述，如"故乐也者，动于内者也；礼也者，动于外者也"。只有礼乐兼修，才能成为内外完美的君子，中国传统美学下的礼仪传统富有熠熠的光辉。周公制礼作乐，中国文化的底蕴从此得以确立，其后经过孔子及其弟子的弘扬与发展，成为博大精深的体系。

## 一、传统礼仪承载的美学

中国人在长期的历史过程中，形成了共同的价值体系和行为方式，并且通过礼的形式，深深地扎根于社会。钱穆先生认为："要了解中国文化，必须站到更高来看到中国之心。中国的核心思想就是'礼'。"经过孔子及其弟子的弘扬，礼逐步发展成为"修身、齐家、治国、平天下"的经法。

第一，礼提倡人与自然的和谐美。《礼记·月令》上详细记载着日月星辰的运行、气象物候的变迁、动物与植物的生长过程，以及与之相应的社会生活规范，要求人们爱惜资源，保护幼小动物。用"礼"的约束和引导，人们学会了如何去顺应和利用自然，如何去与万物相处，最终实现了人与宇宙万物共存共荣。

第二，礼提倡人与国家的秩序美。制定符合道德理性的国家制度称为"制礼作乐"，礼，是治国经邦的国家典制。《左传》引君子云："礼，经国家、定社稷、序民人、利后嗣者也。"荀子说："国无礼则不正。礼之所以正国也，譬之，犹衡之于轻重也，犹绳墨之于曲直也，犹规矩之于方圆也，既错之而人莫之能诬也。"礼是规范一切的标准，只有通过礼，治国理念才得以实现。正如《礼记》所言："道德仁义，非礼不成。教训正俗，非礼不备。分争辨讼，非礼不决。君臣上下、父子兄弟，非礼不定。宦学事师，非礼不亲。班朝治军，莅官行法，非礼威严不行。祷祠祭祀，供给鬼神，非礼不诚不庄。"这段话的意思是：道德仁义，没有礼就无法成就。教育民众，端正风俗，没有礼就不能完备。纷争辨讼，没有礼就不能判别是非。君臣上下、父子兄弟的名分，没有礼就无法确定。学习仕宦，对待老师，没有礼就不能亲近。班朝治军，居官执法，没有礼就不能威严地施行。祭神敬祖，没有礼就不能诚敬庄重。总之，没有礼就做不好任何事情。只有遵循礼，才能治国安邦，一切都井然有序。

第三，礼提倡人与自身的道德美。《礼记》开篇第一句话便是"毋不敬"，提倡尊重他人，谦虚低调，凡事多看他人长处，懂得山外有山、天外有天的道理。《礼记》中说："夫礼者，自卑而尊人。虽负贩者，必有尊也，而况富贵乎？富贵而知好礼，则不骄不淫；贫贱而知好礼，则志不慑。"自谦而敬人、自卑而尊人，是一种修养，更是一种美德。

另外，孔子说："道之以德，齐之以礼，有耻且格。"即为政者用道德来引导民众，用礼来引领他们，使其行为合乎道德规范，这样民众就会有向善之心，强调人内在的道德美的巨大力量。

第四，礼提倡人与人之间的博爱美。中国人从童蒙时代，便受到了博爱的教育。《弟子规》说："凡是人，皆须爱。天同覆，地同载。"在《礼记》的《礼运》篇里，孔子把"天下为公"的"大同世界"作为人类社会的终极目标，那是一个充满爱的世界，人人都能像爱自己一样爱他人。孔子强调从孝顺自己的父母开始，来培养爱心，进而把对父母的爱推广到天下人的父母身上。生活在同一片蓝天之下的人们只有相互关爱，才能拥有幸福的未来，强调仁者爱人，强调人与人、人与社会的和谐。

第五，礼提倡人举止的威仪美。《左传》："《卫诗》曰：'威仪棣棣，不可选也'，言君臣、上下、父子、兄弟、内外、大小皆有威仪也……故君子在位可畏，施舍可爱，进退可度，周旋可则，容止可观，作事可法，德行可象，声气可乐，动作有文，言语有章，以临其下，谓之有威仪也。"

儒家把威仪视为一种美，一种在言行举止、仪容体态方面文雅、优美的艺术。因此，合乎身份的服饰成为对举止言行的一种约束，令人在进退周旋之际，不得不从容和缓，端正谨慎。"衣前后，襜如也。趋进，翼如也"，"摄齐升堂，鞠躬如也"（《论语·乡党》），这是鲁君派孔子去接待外邦使臣时，孔子的仪态，也是君子在正式场合该有的威仪。行走时，衣服整齐，飘动有致；小步快走时，宽大的袖子如鸟翼微微张开；上堂见尊长时，要小心地将裳的下摆微微提起，既是防止踩踏，又是表示恭敬，以体现褒衣博带的文质彬彬、坦荡大方之美。

同理，君王戴的冕冠，冕板前低后高，使冕冠有向前倾斜之势，戴上之后使人呈前俯之状，以象征天子体恤下民；冕冠的冕旒，增添了天子的神秘和威严。冕冠使人具有不怒而威又简而无傲的符合儒家理想的君王气度。

## 二、中国礼仪传统

礼仪起源于祭祀，求神灵保佑赐福。中国礼仪以周朝为鼎盛时期，因此，中国古代一般推行周礼。中国古代有五礼之说：祭祀之事为吉礼，冠婚之事为喜礼，丧葬之事为凶礼，宾客之事为宾礼，军旅之事为军礼。民俗界认为礼仪包括生、冠、婚、丧4种人生礼仪，实际上礼仪可分为政治与生活两大类。政治类包括祭祀之礼（祭祀天地、宗庙、先王、先师、圣贤）、乡饮礼、相见礼、军礼等。生活类包括五祀、诞生礼、冠礼、饮食礼仪、馈赠礼仪等。"三礼"（《仪礼》《礼记》《周礼》）的出现标志礼仪发展进入了成熟阶段。宋代时，礼仪与封建伦理道德说教相融合，成为实施礼教的得力工具之一。到了现代，礼仪在继承传统礼仪精华的基础上，与时俱进，逐渐发展成为现代文明礼仪。

### 1. 见面之礼

人们日常见面时要态度热情，也要彬彬有礼，现在的人们一般都是运用西方舶来的握手礼。而在中国古代与不同身份的人相见时的礼仪规矩既复杂又丰富，不是单单一个握手就能解决的。

（1）揖礼　《仪礼》中规定，士与士之间的交际礼仪叫作相见礼，揖礼就是相见礼之一。揖礼起源于周代以前，约有三千年历史。武王伐纣灭商而建立周朝，武王死后，其子周成王年幼即位，由叔叔周公旦摄政。摄政王周公旦采取许多措施来巩固政权，建立周朝各项典章制度和礼乐制度，确立以宗法制度为中心的政治体制，此后，揖礼行于天下。

揖礼是正式礼，为问候之礼，为敬重之礼，讲求"步从容，立端正，揖深圆，拜恭敬"。施揖礼时，视受礼人的尊卑高低，以及自身的恭敬态度而定，或深躬或浅揖，顺其自然。

据《周礼》记载，根据双方的地位和关系，揖礼有土揖、时揖、天揖、特揖、旅揖、旁三揖、长揖之分。在古代文人雅士见面行揖礼，不仅有表示钦佩之意，更是对礼仪之邦传统谦逊思想的传承。

揖礼一直以来在日常生活中为常见礼仪，向人问候、致谢、祝贺、道歉及托人办事等彼此常行揖礼。比如到别人家做客，在进门时与落座前，主客之间相互客气，行礼谦让，这时行的礼就是揖礼，又称"揖让"。行揖礼时两手抱拳，拱起再按下去，同时低头，上身略向前屈。在当代社会，揖礼在很多场合也被人们作为见面礼仪使用。

（2）拱手礼　拱手礼是最普通的见面礼仪，用于一般性的打招呼。在日常生活中，如果与受礼人距离较近（通常是因为双方关系较为亲近），无法长揖施礼，且施礼场合较为放松，则将正式揖礼的姿势收回到胸前，变成较为轻松的拱手礼。拱手礼多为日常打招呼以及辞别的礼，为万能礼。向他人拱手致意，代表着喜庆吉祥的意思，在拜师等尊敬别人的场合也运用拱手礼。方式是双手合抱（一般是右手握拳在内，左手加于右手之上）举至胸前，立而不俯，表示一般性的客套。拱手礼男子右手在内，左手在外；女子左手在内，右手在外。

（3）叉手礼　叉手礼属于揖礼的一种，始于西晋，男女老幼都可行使。叉手礼多在站立时使用，尤其是回话时，常加上这种礼节动作。叉手礼不像拱手、作揖那样行完礼手部动作即结束，而是行完礼放在胸前继续这一动作，手并不放下，类似后来扣心俯身以示敬的动作，所以又有"叉手不离方寸"之说。叉手礼是在肃立或端坐时使用的施礼姿势，其实是揖礼收抱于胸前时的一种半施礼的姿势，通常是静听上位者讲话或听音乐时的样子，表示专心、恭谨或者从容。

（4）万福礼　万福礼寓意祈福安康，动作典雅含蓄，是古代女子特有礼仪之一。唐代武则天自立为皇帝，改国号为周，制定礼仪，将女子的拜姿改为正身直立，两手相交于胸前，微俯首，微动手，微屈膝。女子在行这种拜礼之时，常口称"万福"，意为祝对方多福，祈福安康，所以称"万福礼"。

（5）跪拜礼　双膝着地，头手有节奏触地叩拜，即所谓叩首。只用于特定大礼，如敬天、敬地、敬祖先，特定场合敬先师，特定场合敬亲生父母辈或祖辈，结婚时夫妻对拜，过年给长辈拜年。

（6）抱拳礼　抱拳礼通常是古代的一些习武之人碰面时打招呼的相见礼，一般都伴有"久仰""幸会"等敬辞。它其实是军礼，由揖礼变化而来。在军队之中施揖礼或做拱手礼时，由于右手握着兵器，所以右手只能呈握拳状，而左手则依照揖礼的要求加盖在右手上，最后变成了抱拳礼。抱拳礼讲究吉凶，左手抱右手被称为"吉拜"，反之，右手抱左手则为"凶拜"，前者表示尊重，后者则表示不敬。

抱拳礼具体内涵：左手为掌，表示德、智、体、美齐备，屈拇指表示不自大；右手为拳，拳头放在里面，这就叫"先礼后兵"；左掌掩右拳相抱，表示"止戈为武"，以此来约束勇武的意思；两臂屈圆，表示以武会友，谦虚团结，天下武林是一家；左掌为文，右拳为武，表示文武兼学，渴望求知，恭请师友前辈指教。

## 2. 谈吐之礼

言语是一个人谈吐水平最直观的体现。《礼记·表记》曾提到"君子不失足于人，不失色于人，不失口于人，是故君子貌足畏也，色足惮也，言足信也。"简言之，君子的举止要不失体统，要尊重他人；不能轻易对别人动怒，或者把自己的怒气发泄到无关人的身上；言语要谨慎，同时说话谈吐应考虑听者的感受，先思后言。所以，君子的形象足以使人敬畏，神态足以使人感到威严，言语足以使人信服。

古人一直推崇良好的情绪管理，比如孔子赞美颜回的话："不迁怒，不贰过。"指的是颜回从不无缘无故迁怒于别人，犯过的错误不会再犯，提倡在自省的基础上管理好自己的情绪。

### 3. 行走之礼

古代常行"趋礼",即地位低的人在地位高的人面前走过时,一定要低头弯腰,以小步快走的方式对尊者表示礼敬,这就是"趋礼"。

传统行走礼仪中,还有"行不中道,立不中门"的原则,即走路不可走在路中间,应该靠边行走;站立不可站在门中间,这样既表示对尊者的礼敬,又可避让行人。这一点跟我们现在提倡的走路靠边,方便他人,是一样的。

### 4. 餐饮之礼

餐饮礼仪在中国文化中占有极重要的位置,一方面是讲究以礼待人,另一方面饮食礼俗也是表示对食物的尊敬。宴请是古人社交活动的重要组成部分,迎宾的宴饮称为"接风""洗尘",送客的宴席称为"饯行",因此古人非常注重宴请的礼仪。主人宴请宾客,当客人登门时主人要迎客于门外,客人进门后要先互致问候,请入侧室,敬以茶点,然后引客人入席。

(1)入座之礼  宴请座位是门大学问,古人席地而坐,座席亦有主次尊卑之分,尊者上坐,卑者末坐。

室内座次以东向为尊,即贵客坐西席上,主人一般在东席上作陪。年长者可安排在南向的位置,即北席。陪酒的晚辈一般在北向的位置,即南席。

著名的"鸿门宴"里,项羽、项伯是主位东向坐,是最尊贵的位置,其次是谋士范增南向坐,而刘邦作为项羽的客人只有北向坐,地位最低的张良自然就是西向坐了。从座次中可以明显看出项羽对刘邦的轻视,正因为刘邦看到了宴席座次里的这些门道,才能更加警惕,逃过一劫。

现代社会,宴席以桌餐为主,同样非常注重宴席位次的安排,座位排序以职务尊卑、年龄大小来安排位次。

(2)进食之礼  《礼记·曲礼》中说:"毋抟饭,毋放饭,毋流歠,毋咤食,毋啮骨,毋反鱼肉,毋投与狗骨。毋固获,毋扬饭。饭黍毋以箸。毋嚃羹,毋絮羹,毋刺齿,毋歠醢。客絮羹,主人辞'不能亨'。客歠醢,主人辞以'窭'。濡肉齿决,干肉不齿决。毋嘬炙。卒食,客自前跪,彻饭齐以授相者,主人兴,辞于客,然后客坐。"

意思就是:不要将食物捏成大团去吃,不要将手中的饭再放回食器,不要大口喝汤,吃饭时口中不要发出声音,不要啃骨头,不要将拿起的鱼肉再放入食器中,不要将骨头扔给狗,不要独占和频繁地吃某一食物,不要为使饭快点凉而扬去饭的热气。吃黍饭不要用筷子,喝羹汤不要不加咀嚼而连菜吞下。不要自己往羹汤中加调料,不要在吃饭时剔牙,不要像喝羹汤一样喝酱。来客往羹汤中添加调料,主人就要以家人不善于烹饪来道歉。来客有喝酱的,主人就要以家贫以至礼不周来道歉。煮烂的肉要用牙咬开来吃,干肉不用牙咬,而要用手撕开吃。吃烤肉不要大口吃。吃完饭以后,来客要将自己食案上的餐具及剩下的食物整理好交给服侍的仆人。主人站起来,对来客亲自收拾饭菜餐具加以推辞,待主人说不必客人亲自动手,客人才住手。

《礼记·曲礼》中关于饭前、饭中、吃饭的座位前后,要求"虚坐尽后,食坐尽前",一般情况下,要坐得比长者靠后,以示谦恭;进食时要尽量靠近摆放餐食的食案,以免不慎掉落的食物弄脏了坐席。宴饮开始，餐食端上来时，客人要起立；再有贵客到来时，其他客人都要起立，以示恭敬主人；如果来宾地位低于主人，等主人寒暄完毕之后，客人方可入席落座。

《礼记·曲礼》中关于敬酒的礼仪要求："侍饮于长者，酒进则起，拜受于尊所。长者辞，少者反席而饮。长者举未釂，少者不敢饮。长者赐，少者、贱者不敢辞。"陪伴长者饮酒时，年少者须起立为长者斟酒，并离开座席面向长者施礼。当长者表示不必如此时，年少者方可入座而饮，如果长者未举杯，少者不能先行饮酒。另外，在《礼记》的影响下，后世的家训中都有关于餐饮礼仪的要求，比如："与人共食，慎莫先尝；与人同饮，莫先起箸。"在进食过程中，先由主人执筷劝食，客人方可动筷；须待主人举杯劝饮之后，客人方可饮用。这些礼仪，也一直传承至今。

（3）摆台之礼　《礼记·曲礼》中详细地记录了餐饮礼仪："凡进食之礼，左殽右胾，食居人之左，羹居人之右；脍炙处外，醯酱处内，葱渫处末，酒浆处右，以脯脩置者，左朐右末。"古人同样非常注重餐桌上食物器皿的摆放，讲究位置及美观。时至今日，与中餐中菜品的"色香味形器意养"中特有的摆台美一脉相承。

### 5. 拜贺之礼

一般行于节庆期间，是晚辈或低级地位的人向尊长的礼敬，同辈之间也有相互的拜贺。行拜贺礼时，不仅要态度恭敬，口诵贺词，俯首叩拜，同时也得有贺礼奉上。

### 6. 庆吊之礼

人的一生要经历出生、成年、婚嫁、寿庆、死亡等若干阶段，围绕着这些人生节点，形成了一系列人生礼仪。

（1）诞生礼　子孙繁衍是家族大事，自然颇受重视。婴儿满月时，亲戚朋友纷纷上门恭贺，馈赠礼品、礼金，隆重热闹。

（2）成人礼　古时成人礼指冠礼和笄礼。华夏先祖对于冠礼非常重视，所谓"冠者，礼之始也"，男子满 20 岁时行冠礼，即加冠，表示其已成人，被族群承认，之后可以娶妻。同时重新取一个名号，表示该男子具有了结婚、承担社会事务的资格。女子则是在满 15 岁后行笄礼，及笄之后可以嫁人，最迟 20 岁行笄礼。现代成人礼是在少男少女年龄满 18 岁时举行的象征迈向成人阶段的仪式。

① 冠礼。冠礼的主体部分，是由正宾依次将缁布冠、皮弁、爵弁等三种冠加于将冠者之首。冠礼先加缁布冠，是为了教育青年人不忘先辈创业的艰辛。其次是加皮弁，表示从此要服兵役。最后加爵弁，表示今后有权参加祭祀。三次加冠，每加愈尊，是隐喻希望冠者的德行能够与日俱增。每次加冠，都有祝词，是前辈对冠者的衷心祝愿，祝词之后，冠者都要应答。每次加冠之后，冠者都要进房换上相应的服装，然后出房，向来宾展示。

② 笄礼。笄，即簪子。自周代起，女子年龄到 15 岁，如已许嫁，便得举行笄礼，将发辫盘至头顶，用簪子插住，以示成年及身有所属。笄礼由母亲担任主人。

（3）婚嫁礼　传统婚礼有六道程序，所谓"周公六礼"，即纳采、问名、纳吉、纳征、请期和亲迎。

礼，满含人类对宇宙天地的敬畏，对社会秩序的协调，对道德的培养，对自然和谐的追求，对美好生活的向往，对审美的重视和践行。中国人礼俗众多，核心是尊重，对人不仅要有礼节上的表示，而且要有发自内心对他人的尊重。礼俗中诚敬谦让的礼义原则在当代社会仍然值得提倡，众多的礼俗中我们要择善而从，取其精华，去其糟粕，将符合中国文化美学的礼仪传统发扬光大。

## 【美的思辨】

1. 中国传统礼仪中哪些现在仍然被继承？
2. 中国美学的礼仪特点是什么？
3. 请阅读朱光潜《谈美》、宗白华《宗白华美学二十讲》、王国维《美学三境》、梁启超《美的生活》，谈谈你对美的理解。

## 【美的拓展】

### "生生美学"具有无穷生命力

曾繁仁

中国到底有没有自己的美学？如果有，其形态又是什么？这是我国美学界经常讨论的话题。由于长期以来受"欧洲中心论"与"以西释中"影响，我国美学研究对中华民族的审美理论缺乏必要的自信，常常以"审美智慧"称之，没有足够勇气将其称为中国的美学理论。其实，审美是一种生活样式，是一种艺术的生存方式。中华民族有5000多年的文明史，有引以自傲的民族艺术。因此，中国必然拥有本民族的美学，这种美学就是"生生美学"。

"生生美学"这一概念来自《周易》，所谓"生生之谓易""天地之大德曰生"。"生生"意即"生命的创生"，是我国古代哲思与艺术的核心所在。长期以来，许多哲学界与美学界的前辈学者就"生生"作了自己的探索。我国著名哲学家方东美明确将中国哲学精神概括为"生生"即"生命的创生"，而一切艺术均来源于体贴生命的伟大。这种阐释形成"生生美学"的雏形。此外，宗白华、刘纲纪等诸多学者还论述过中国传统美学的"生命美学"特征。"生生美学"是一种相异于西方古典认识论美学的中华民族自己的美学形态，独具特色与魅力。而且，体现这种"生生美学"的中国传统艺术如国画、书法、戏曲、琴艺与民间艺术至今仍具有无穷生命力，它们就存在于现实生活之中，因此这种"生生美学"也是鲜活的。

"生生美学"是一种古典形态的"天人相和"的生态之美。过去，我们认为"天人相和"是前现代的产物，所以没有勇气说这就是中国的生态美学，只说是生态审美智慧。但事实告诉我们，中国长期的农业社会以及由此产生的"天人合一"文化形态，决定了尊重自然、顺应自然的生态观在中国具有原生性特点。这种原生性的生态文化，曾经极大地影响了现代西方学者生态观的形成。"天人相和"的生态之美不仅仅是一般的生态智慧，而是具有原生性并活在当代的生态理论。"天人相和"所构成的人与自然亲和的"中和之美"，与古希腊强调科学的、比例对称的"和谐之美"是不同的。所谓"天人相和"具有明显的"生命创生"的内涵，天地相交、风调雨顺、万物生长就是一种美的形态。这种生态之美仍然存在于我国诸多民间艺术之中，例如年画之"瑞雪兆丰年"与"大丰收"等。

"生生美学"是一种"阴阳相生"的生命之美。"生生美学"是一种东方的生命之美。这种生命之美包含万物化生、宇宙变化等极为丰富的内涵，而且体现出"天地与我为一，万物与我并存"的理念,是一种古典的生态整体论与生态平等论。特别可贵的是,《周易》揭示了包括艺术创造在内的万事万物生长演化的规律,即"一阴一阳之谓道"。这不仅是万物生长之道,而且是艺术创造之道。中国艺术是一种虚实相生的生命艺术,形成特有的艺术生命体。阴阳之道还概括了艺术创造特有的规律,即凭借阴阳虚实的对比产生一种艺术生命力。例如,国画就是通过白与黑、浓与淡的对比形成一种艺术生命力。像齐白石的虾图,以其"为百鸟传神,为万虫写照"的精神,仅寥寥几笔,以大片的空白将几只小虾在水中活泼泼的生命力表现无遗。

"生生美学"还是一种"日新其德"的含蓄之美。"生生美学"作为一种含蓄的美,体现中国传统艺术的无限风光,是一种"言外之意""象外之象"与"味外之旨"。诗歌之"意境"、绘画之"气韵"、山水园林之"写意"、书法之"神韵"等,说的都是中国传统艺术的含蓄之美,可以说是意味无穷。

"生生美学"化育于十几亿中国人的生活,蕴含在让我们流连忘返的无数民间艺术之中,寄托着我们绵绵的乡愁与无尽的情思,需要我们好好体悟、好好研究。

(2017 年 10 月 20 日 17 版)

## 【向美而行】

组织全班同学进行一次传统礼仪展演。

2-1　中国传统美学思想

# 第三章

# 艺术的美学

【学习目标】

- 知识目标：了解绘画、雕塑、音乐、舞蹈、戏剧戏曲及建筑艺术的基本知识及特点。
- 能力目标：能够学会欣赏绘画、雕塑、音乐、舞蹈、戏剧、戏曲及建筑艺术之美，以开发自己的想象力和创造力。

【素质目标】

提高学生的艺术审美品位、审美能力和艺术素养，激发学生的想象力。加深学生对祖国建筑历史文化的认知，激发保护古建筑的热情。

赫伯特·斯宾塞说："没有油画、雕塑、音乐、诗歌以及各种自然美所引起的情感，人生的乐趣会失掉一半。"在历史的长河中，艺术以其独特的魅力影响着世界各国人们的生活、思想和情感，提高着人们的审美品位和精神素养，给人们带来美的享受。

## 第一节　绘画与雕塑

在油画的后面，跳动着画家的脉搏，在塑像之中，栖息着雕刻家的灵魂。

——里尔夫

【美的赏析】

中国十大传世名画之一的《富春山居图》（图 3-1）是元代画家黄公望于 1350 年创作的纸本水墨画，被誉为"画中之兰亭"，属国宝级文物。历史上这幅名画，因"焚画殉葬"而一分为二，前半卷和后半卷分别流落至不同的地方，直至 2011 年 6 月，前后两段画作终于在中国台北故宫博物院实现了合璧展出。

　　《富春山居图》以浙江富春江为背景，画面用墨淡雅，山水布置疏密得当，墨色浓淡干湿并用，极富变化。构图巧妙，作者采用了高远宏大的视角，使得画面具有广阔的空间感。画作中山水、树木和小屋相互呼应，形成一幅和谐统一的景象。黄公望巧妙地运用了留白手法，将天空、远山、云雾等部分留白。这种留白不仅增强了画面的层次感，还为观者提供了对画面的进一步解读和联想的空间。

图 3-1 《富春山居图》

## 【美的视线】

绘画与雕塑历史悠久，承载着文化，记录着岁月的变迁，表现手法多样，题材众多，展示着创作者对生活和人生的见解，带给人美的熏陶和滋养。

艺术，作为人类文明的璀璨瑰宝，如同时间长河中的明珠。在艺术的众多分支中，绘画艺术始终占有一席之地，被誉为"静默的诗"。自古以来，无论是洞穴壁画还是宫殿中的壁饰，绘画都是人们记录、表达与传承文化的重要手段。在这一章节中，将深入探讨绘画艺术所蕴藏的独特魅力与美学。

## 一、绘画艺术

绘画，是指用笔、板刷、刀、墨、颜料等工具材料，在纸、纺织物、木板、墙壁等平面上塑造形象的艺术形式。现代的数码绘图，实现了无纸化创作过程，并易于保存，使得观看更加方便、美观。

绘画，按工具材料和技法的不同，以及文化背景的不同，分为中国画、油画、版画、壁画等绘画种类。

绘画艺术是一种视觉艺术的表现形式，通过描绘自然景观、人物形象、抽象表达等内容，来传达艺术家的创作意图、情感思想和观点。绘画作品可以通过色彩、线条和构图等视觉元素来呈现出独特的美感和深刻的内涵。

## 1. 绘画艺术的美

绘画艺术的美展现于多个维度，既体现在其多样的外在表现形式上，也蕴含在对观众和社会产生的深远影响之中。同时，原创性和创新性也为绘画艺术的美持续注入活力。

（1）绘画艺术美的外在表现　绘画艺术的美，直观地体现在形式、色彩、构图和内容上。

**形式美：** 借助线条、形状等视觉元素的巧妙组合，构建独特的艺术形式，为观者带来美的享受。

**色彩美：** 运用丰富的色彩表达情感、传递意义，色彩间的搭配营造出多样的美感。

**构图美：** 成功的画作往往有着出色的构图，画家通过巧妙地安排画面元素，利用和谐、平衡或刻意的不平衡吸引观众的注意力。

**内容美：** 绘画通过情感表达、思想传递、叙事以及文化呈现，丰富人们的精神世界，实现与观者跨越时空的心灵对话。

（2）绘画艺术美的内在表现

**传递画家的思想情感：** 画家通过形式、色彩、内容、构图等元素，传达思想、情感以及对世界的理解。比如，凡·高在《星月夜》中，运用夸张扭曲的线条与浓烈鲜明的色彩，描绘出奇幻的星空，传达他内心的挣扎与对生活的热烈渴望之情；李可染的《暮归图》将田园暮归的瞬间定格，勾勒出一幅质朴的田园生活图，饱含画家对乡村生活的眷恋与热爱之情。

**激发观众情感共鸣：** 作品中的形象和场景能触动观众的感受与回忆，使其沉浸其中，产生强烈的共鸣与情感体验。一幅画的价值，不仅在于描绘景物或人物，更在于传递的情感，引发情感反应也是评判绘画之美的重要标准。

**传递文化与历史价值：** 绘画作品能够反映特定社会和时代的特征，记录历史事件与文化传统。观众通过欣赏作品，能深入了解不同文化和历史背景，了解历史变迁，传承文化精髓，增进对人类文明的欣赏。

绘画艺术的美是多元且丰富的，无论是参与创作，还是单纯欣赏，人们都能深切领略到绘画艺术独特的魅力。

## 2. 中国画的美

在世界多元的艺术体系中，中国画以其独特的审美理念和细腻的情感表达，占据了不可替代的地位。它不仅仅是简单的画面呈现，更是一种文化的积淀、一种思想的反映、一种情感的流露。从远古时期的图腾纹饰，到春秋战国的哲学探索，再到唐宋元明清各朝代的艺术高峰，直到近现代的融合创新，中国画的每一笔、每一墨，都饱含了千百年来华夏大地上的风风雨雨、感悟与激情。这是一种以水墨为媒介，融汇天人合一的哲学的艺术，是一种在简约中透露深沉，在寂静中流淌情感的艺术。

（1）中国画的历史　中国画以其独特的艺术表现和文化内涵，历经数千年的演变，始终在世界艺术舞台上占据着显著的位置。

① 中国画的早期发展。在殷商时期，早期的图腾、壁画和青铜器上的纹饰为中国画的早期发展奠定了坚实的基础。这些早期的艺术形式大多反映了当时社会的宗教信仰和审美观念，它们简洁、质朴且充满力量。

进入春秋战国时期，随着各种哲学思想的兴起，人们开始更多地关注人与自然的关系。这种哲学变革对艺术产生了直接的推动作用，中国画也开始逐渐转向对自然景物和人物的描绘。在这一时期，画家们不仅追求形似，更注重神似，他们尝试通过细腻的笔触和墨色，表现出物象的情感和气韵。

汉唐时期，随着社会经济的繁荣和文化的高度开放，中国画迎来了第一个高潮。大量的佛教壁画，如敦煌莫高窟的作品，展现了这一时期绘画的高超水平和审美追求。唐代，宫廷画家如张萱、吴道子等，展现了卓越的艺术才能，他们的人物画、山水画、花鸟画等题材，都具备了较为成熟的绘画语言。

② 宋代至现代的发展。宋代是中国画史上的另一个黄金时期。这一时期，随着新儒家思想的兴起和社会的稳定，人们更加注重与自然的和谐统一。因此，宋代的山水画、花鸟画以及人物画都达到了空前的高度。代表画家有范宽、郭熙和马远等，他们不仅具有深厚的文化内涵，而且在技巧和表现手法上都取得了显著的成就。

元明清时期，中国画进入了多样化的发展阶段。元代，随着元曲的兴起，文人画也逐渐成为主流。代表画家有黄公望、倪瓒等，他们的画作大多反映了文人对社会、自然和人生的独特见解。明清两代，随着科举制度的完善和文人士大夫阶层的壮大，文人画得到了进一步的发展，如沈周、文徵明、八大山人（朱耷）等人的作品，都充分展现了文人画的魅力和深度。

近现代以来，随着西方文化的引入和全球化的加速，中国画也面临着巨大的挑战和机遇。一方面，画家们尝试吸收西方的绘画技巧和观念，如徐悲鸿、张大千等人的作品，都融入了西方的元素；另一方面，他们也努力寻找中国画的现代表现方式和语言，使其在现代社会中仍然具有生命力和影响力。

（2）中国画的种类 中国画以其深厚的文化底蕴、独特的艺术风格和繁茂的题材，历经千年的沉淀和演变，形成了丰富多彩的分类体系。

① 按技法与形式分类。中国画的发展历程源远流长，融合了多种技法和形式。从技法上看，分为工笔画与写意画两种截然不同的绘画风格。工笔画注重细节的描绘，追求画面的精美与完整，如《簪花仕女图》（图 3-2）就是工笔画的经典之作。而写意画则更强调画家的情感表达，追求的是形神兼备、笔墨之中寄托情感与意境，八大山人的《枯木来禽图》（图 3-3）就是写意画的杰出代表。再从装裱形式来看，中国画又可分为册页、手卷与挂轴等。册页是一系列小型画作的组合，手卷是横向展开的长画卷，而挂轴则是用于展示的大型画作。

图 3-2 《簪花仕女图》

② 按内容与题材分类。从内容和题材上分类，中国画可以分为山水画、花鸟画、人物

画，每一种类别都蕴含了丰富的文化底蕴和独特的审美价值。山水画，如《清明上河图》，是中国古代社会生活的缩影；花鸟画，如沈铨的《百鸟朝凤图卷》（图3-4），揭示了大自然的和谐与生命的活力；人物画，如张萱的《虢国夫人游春图》（图3-5），展现了古人的情感世界与生活场景。

图 3-3 《枯木来禽图》

图 3-4 《百鸟朝凤图卷》

图 3-5 《虢国夫人游春图》

③ 按创作背景与文化脉络分类。中国画可以从创作背景上进一步划分为文人画和宫廷画。文人画，如倪瓒的《水竹居图》（图3-6），展现了中国画中的淡雅之美，画中描绘的竹

子以简练的笔触勾勒而出，却流露出生机与静谧，整幅画作充满了高洁与超脱的气息。而宫廷画，它主要由皇室所命画师创作，风格宏伟、色彩瑰丽，表现皇室的辉煌和威严。

图 3-6 《水竹居图》

不论哪一种类别，中国画都深深地融入了中华文明的精髓，为后人留下了无尽的艺术财富。

（3）中国画的技法与哲学审美    中国画，历史悠久，蕴含着深厚的文化传统与哲学思想，是中华民族的瑰宝。它以独特的表现方式和技法，向世界展示了中国文人的审美追求和情感表达。与西方绘画相比，中国画有自己独特的特点，概括如下：

① 中国画的技法特色。石涛说："夫画者，形天地万物者也，舍笔墨其何以形之哉？"我国历代画家在长期历史发展的过程中，已经形成了一套完整的笔墨技法。中国画的技法有工笔、写意、勾勒设色、水墨等技法形式，设色又可分为金碧、大小青绿、没骨、泼彩、淡彩、浅绛等几种。主要运用线条和墨色的变化，以勾皴点染、浓淡干湿、疏密留白等表现手法，来描绘物象，取景布局，视野宽广，多采用散点透视。

② 中国画的哲学审美。中国画的哲学和审美观点中，两个核心概念是"以形写神"和"留白"。"以形写神"是中国画追求的最高境界，意指在描绘对象的形态时，更注重传达其内在的精神和气质。与西方绘画强调物体的外在形态、细节和质感相比，中国画更看重通过笔墨传达对象的"神"，即其内在的生命力、情感和意境，这种传统要求画家不仅仅是生动地再现形态，更要捕捉和展现事物的内在灵魂。例如，在画一棵树时，除了描绘其形态，还要展现其生命力和与自然环境的关系。

"留白"则是中国画中的一种重要的构图技巧。它不仅指物理上的空白，还是一种意境的展现，一种通过留白达到画面平衡、增强视觉吸引力和提供观者想象空间的技法。在中国画中，留白往往被赋予了特殊的意义，如远山、水雾、远方的未知等。留白也为画面提供了呼吸的空间，使得整体形成和谐与平衡的效果。

元代画家黄公望的代表作《富春山居图》（图 3-1）正是体现以形写神与留白的作品，《富春山居图》被誉为中国山水画的巅峰之作。这幅画通过细腻的笔触、独特的构图以及深邃的情感，成功地展现了人与自然的和谐关系和文人对理想生活的追求。

黄公望在画中并未过分追求对自然的真实再现，而是强调表达对自然的独特情感和对隐居生活的深切向往，每一笔、每一墨都流露出对自然的敬畏和对生活的感悟。山石、水流、树木都被赋予了生命力和灵魂，使观者不仅看到了它们的外形，更能够感受到其表达的情感和哲理。画中的线条既有刚劲有力之处，又有柔美流畅之处，展现了黄公望对山水的深刻领悟，而那细致入微的笔触则让画中的每一寸土地都充满了生命力。画中的景致是黄公望心中理想的隐居之地，他用画表达了想要远离尘嚣和对简单生活的向往。

《富春山居图》是中国画中"以形写神"与"留白"哲学的完美体现，它不仅展现了黄公望的超凡画技，还揭示了中国传统文化对自然、生活和艺术的独特理解，更是文人对生活、对自然的哲学思考与情感表达的载体。从这幅画中，不仅可以感受到中国古代艺术的魅力，更可以理解古代文人的生活哲学和他们对自然的崇拜与敬畏。

中国的传统艺术以"文人艺术"为典型，中国画、书法、诗歌和篆刻被誉为"四绝"。它们之间的关联深远而密切，相互补充，共同构建了一种特殊的审美体验和文化氛围。中国历史上，有许多文人墨客在诗歌、书法、中国画、篆刻方面均有很高造诣，并且善于将这四者结合在一起，体现其互补性。例如明朝著名诗人、画家文徵明，其书、画、诗皆达到了很高的境界，他的许多画作旁都伴有自己的诗文和篆刻，这四者结合，使得画面更为丰富，如其著名的《江南春图》（图 3-7）等画作，旁边都有自己的题诗和印章。

（4）如何欣赏中国画

① 观察技法与艺术元素。中国画是一种极具东方韵味的传统艺术形式，它与西方绘画的审美理念和表现方式截然不同。在欣赏中国画时，要注重观察其独特的技法和艺术元素。笔触、墨色、用水和构图是中国画的基本要素。笔触细腻而有力，传达了画家的情感与意境；墨色深浅、浓淡变化，显示了画面的层次与立体感；用水则影响墨色的渗透与扩散，形成了中国画特有的水墨效果；构图简约而意味深长，体现了东方的空灵与禅意。通过细致地观察这些元素，可以更好地理解和欣赏中国画的魅力。

② 深入了解主题与背景。中国画的主题丰富多样，从山水、花鸟到人物、故事等多方面，每一幅画都蕴含着深层的意义和背景。要深入欣赏中国画，了解其主题和背景是至关重要的。例如，山水画不仅仅是对自然的描绘，它更是对人与自然和谐关系的思考，体现了道家与佛家的哲学思想；花鸟画则蕴含了对生命的美好与时光流逝的感慨。另外，了解画家的生平经历、创作理念和创作动机等信息，有助于我们更好地理解画面的内容和深层含义。

③ 体验审美与情感交流。中国画是一种情感的交流方式。在欣赏中国画过程中，除了对技法和背景的了解，更重要的是投入自己的情感，与画面进行深度的交流。面对一幅中国画，应该放慢脚步，用心去体验和感受，每一笔触、每一滴墨都蕴含着画家的情感和思考。试图理解画家所要表达的意境，感受画面中蕴含的情感与美感，这样才能真正欣赏到中国画的魅力。当人们与画面建立起情感的链接，与其进行深度的交流，那么欣赏的过程就变得更加深刻和有意义。

图 3-7 《江南春图》

### 3. 油画的美

油画是一种绘画艺术形式，它与水彩、壁画、丙烯、素描等其他绘画形式不同，主要使用植物油或合成油作为溶剂，与颜料混合后在画布、木板或其他媒介上绘制。油画颜料质地厚重，能够为画面带来丰富的质感与层次，从浓重的厚涂到薄透的釉色，艺术家们通过各种技法的运用使得油画作品更加丰富多彩和个性化。

（1）油画的历史　从文艺复兴时期开始，西方绘画重视对自然与人物的真实再现，通过科学的透视法和光影处理，展现出空间和物体的真实关系。这种对真实的追求，不仅体现在视觉上的精准，更蕴含了对人性、情感和灵魂的探索。西方绘画特别重视光与影的对比和运用，光与影不仅给予作品立体感和深度，还加强了情感的张力和戏剧性，如达·芬奇《蒙娜丽莎》（图3-8）。对比中西绘画，从构图角度讲，中国画善于运用空白，强调"留白"以增强意境；而西方绘画更倾向于填满整个画面，为观者构建一个完整、详尽的视觉世界。从表现手法看，中国画以线条、墨色和留白为主要手段，强调书法与绘画的结合，采用打破时

图 3-8 《蒙娜丽莎》

空界限的"散点透视法"；西方绘画则更加注重色彩的运用、光影与立体感的塑造，采用"焦点透视法"刻画空间和物体关系。中国绘画受儒、道、佛哲学的影响，注重与诗歌、书法、篆刻的结合，重写意；西方绘画受到古希腊、罗马文化的熏陶，后来又受到宗教文化的影响，重写实。

（2）如何欣赏油画

① 观察画面技巧与材料运用。油画是一种色彩鲜明、表现力强烈的绘画类型，其魅力在很大程度上得益于油画颜料的厚重和层叠特性。当欣赏油画时，应特别关注画家是如何利用这一特性的，观察画面中色彩的混合、层次的叠加、光影的处理，以及画面的纹理，通过这些细节，可以感受到画家的绘画技巧和对材料的运用掌控。例如，通过油彩的叠加和调和，油画能够呈现出深邃的空间感和丰富的光影效果。

② 解读主题与情境。与其他绘画形式一样，油画往往有其独特的主题和情境。无论是风景、人像，还是静物，每幅油画都试图讲述一个故事或传达某种情感。在欣赏时，尝试深入理解画面中的主题，思考画家想要表达的意图，同时注意画面中的细节和象征，这些都可能与画家想要传达的主题和情境密切相关。例如，一幅描绘夕阳的油画，可能不仅仅是为了展现自然之美，更是为了表达生命的短暂或时间的流逝。

③ 感受情感与审美体验。油画不只是色彩和形状的组合，更是情感和情绪的载体。在欣赏油画时，需要让自己完全沉浸在画面之中，尝试感受画家想要传达的情感和情绪。譬如是否可以在画面中找到与自己的情感共鸣？或者，能否从中获得某种启示与灵感？让心灵与画面中的每一笔触、每一滴色彩产生交流，从而获得深刻的审美体验。当你真正投入油画的世界中，你会发现它不仅是一幅画，更是一个充满情感与意境的世界。

### 4. 版画的美

版画是一种古老而独特的艺术形式，它以不同材料的版面为基础，通过刻或雕的手法，制作出可以反复复制的图像。版画艺术因其特殊的制作和复制方法，在艺术领域中独树一帜。版画的历史可以追溯到古代东亚，最早的版画形式主要用于传递信息和教育，如佛经和图像的印制。到了文艺复兴时期，欧洲也开始广泛接触和发展版画艺术，使其成为欧洲艺术的一个重要种类和传媒手段。

（1）版画的种类　版画根据制版方式主要分为四种，分别是凸版、凹版、平版和孔版。从材料上可以分为木版画、铜版画、石版画、丝网版画、胶版画等。我们也可以从版画的发源角度进行分类，比如源于民间的版画艺术形式、源于某一历史时期的版画艺术形式、源于某一国别或民族的版画艺术形式。

关于中国版画，有一些代表性的传统版画形式被列为非物质文化遗产，如河北武强木版年画、天津杨柳青木版年画、苏州桃花坞木版年画、山东潍坊木版年画、四川绵竹木版年画、河南朱仙镇木版年画、广东佛山木版年画等。这些传统版画形式不仅具有很高的艺术价值，还反映了中国民间的生活哲学、价值观念和文化传统。

（2）如何欣赏版画

① 技法与制作工艺。版画类型多样，每种类型都有其独特的技法和制作工艺。在欣赏版画时，首先要注意其技法和制作工艺。从线条的细致度、墨迹的深浅，到纹理的精度和颜色的饱和度，每一个细节都揭示了艺术家的匠心独运和对技艺的精湛掌握。另外，了解制版材料和印刷方法，也能增加对作品的欣赏深度，例如木刻和石刻之间的材料选择及工艺的差异。

② 深度解读主题与象征。版画往往带有浓厚的象征和隐喻，其主题的选择、形象的设计以及符号的运用都充满了深层的意义。在欣赏版画时，要尝试去解读这些隐藏在画面背后的主题和象征意义。例如，某些版画可能采用暗黑的色调和复杂的线条来揭示社会的批判，或使用明亮的色彩和简洁的设计来传达乐观和希望。通过深度解读版画中的主题和象征意义，可以更好地理解艺术家的创作意图和作品的艺术价值。

③ 体验审美与心灵共鸣。版画不仅仅是纸上的图案，也是艺术家情感的体现、思考的结晶。在欣赏版画的过程中，除了对技术和主题的认识，更重要的是与作品建立起情感的连接。面对一幅版画，应静下心来，通过仔细观察那些线条、形状和色彩，可以逐渐感受作品中蕴含的情感与故事，尝试去理解艺术家的情感，与作品进行心灵的对话，才能与作品产生心灵的共鸣。

### 5. 壁画的美

壁画，作为古老的艺术形式，起源于早期人类的原始洞穴绘画，这种艺术形式普遍存在于世界的各个角落。在欧洲，最为著名的早期壁画是法国的拉斯科洞穴壁画和西班牙的阿尔塔米拉洞穴壁画，这些壁画呈现了早期人类对于动物、狩猎和日常生活的观察和理解。古埃及法老陵墓的壁画、古罗马公共建筑上的壁画分别展示了其宏大的历史叙事和神话传说。

（1）中国壁画的历史　中国壁画与中华文明的古老历史一同蜕变，展现了一部壮丽的艺术史。早在新石器时代的仰韶文化，就已经有了彩陶和墙壁绘画的艺术实践。汉代的壁画多为墓葬壁画，例如洛阳汉墓壁画中描绘了日常生活、仪式、战争等场景，生动地反映了汉代社会的风貌。进入唐代，壁画达到了辉煌的顶峰，敦煌莫高窟的壁画成了中国古代壁画的代表，描绘了佛教故事、菩萨像、飞天等宗教题材，艺术风格多样，色彩鲜艳，构图严谨。

中国壁画不仅仅是单纯的艺术品，更是文化、历史、宗教、哲学等多重元素的综合体现。例如，佛教壁画展现了佛教文化的普及和对当时社会的影响，壁画中的人物、景物、构图等都融入了中国传统的审美观念和宇宙观。与外国壁画相比，中国壁画强调"意境"，追求画面的气韵生动和意蕴深远。同时，中国壁画在技法和材料上也有其独到之处，如采用矿物质颜料、注重线条的运用等，这些都使得中国壁画在世界艺术史上占有独特的位置。

（2）壁画的种类　壁画按内容、形式和技术等多个维度来分类，主要包括：宗教壁画、历史壁画、纪实壁画和装饰壁画等。宗教壁画常常在寺庙、教堂或其他宗教建筑中展现，如我国敦煌莫高窟的佛教壁画（图3-9)、欧洲教堂的宗教壁画等；历史壁画以某一历史事件或人物为主题，如汉墓壁画所呈现的汉代历史；纪实壁画主要描绘日常生活场景，真实记录了当时的社会面貌；装饰壁画则更加注重艺术的审美功能，如皇宫、府邸的壁画，常常以花鸟、山水、仕女等为主题，为空间增添美感和艺术气息。

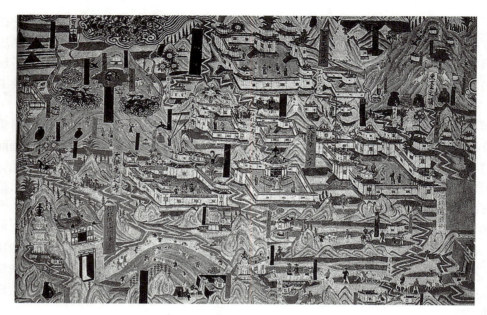

图 3-9　敦煌莫高窟的佛教壁画

（3）如何欣赏壁画

① 观察技法与艺术元素。壁画，这一存留于墙体上的古老艺术形式，通过时间的流转，见证了人类文明的发展与变迁。欣赏这种伟大的艺术品，首先要从基本的艺术技法与元素入手，如线条、明暗、色彩、空间和构图是观赏的基本元素。观察线条，可以理解画家笔触的情感流露；明暗对比，展示了画面的立体感与深远意境；色彩，是艺术家所要传达的情感和氛围的最直接展现；空间和构图，则是画家展示技巧与表达主题的重要手段。这些元素融会在一起，构成了壁画的艺术魅力，通过对它们的观察和体会，才能更深入地理解画家的创作意图与技巧。

② 深入了解主题与背景。每一幅壁画都承载着丰富的故事与深刻的内涵，它可能是对某个历史事件的记录，也可能是对某种宗教信仰的表达，或者是纯粹的艺术家的情感与想象的产物。在欣赏壁画时，需要探索其背后的故事与文化背景。例如，了解我国敦煌壁画背后的佛教文化和丝绸之路的历史背景，可以更加真切地感受那些精美画面中所蕴含的深邃意义；而对于描绘王朝生活或历史事件的壁画，知道当时的社会背景和政治氛围，也有助于更好地理解画面的内容和艺术家的创作意图。

③ 体验审美与情感交流。壁画并不是简单的视觉艺术，它还是一种情感的交流方式，是艺术家与观赏者之间的桥梁。在欣赏壁画时，除了对技法和背景的了解，更重要的是投入自己的情感，与画面进行深度的交流。面对一幅壁画，要敞开心扉，感受其所传达的美感和情趣，体验其中的情感与意境。壁画往往能唤起观者的某种共鸣，无论是欣喜、思考还是感动，这都是艺术家与观赏者之间的情感交流。当我们真正沉浸在壁画的美感中，与其建立起情感的连接，那么在欣赏的过程会有别样的收获。

## 二、雕塑艺术

雕塑是"造型艺术"的一个种类，是通过三维空间的塑造来表达艺术家思想和情感的艺术。雕塑作为一种立体的艺术形式，体现了空间、质感、结构与情感的深度整合。其美不仅仅在于形态的再现，更在于塑造者将无形的思想和情感转化为有形的艺术作品。当我们站在一座雕塑前，它的形态线条、曲面、肌理和比例等元素都在与我们"对话"，告诉我们作者想要传达的故事和情感。雕塑的材质，无论是冷峻的大理石、厚重的青铜，还是温暖的木头，都通过艺术家的巧手被赋予了生命，变得灵动而有情感。此外，光影在雕塑艺术中扮演着重要角色。阳光下，光线与雕塑表面的互动产生层次感、立体感，使作品更加生动和有趣。与平面艺术相比，雕塑的观赏具有多角度性，让欣赏者从不同的方位体验到不同的美感和情感。这种立体的美，使雕塑更加接近生活，与人们形成了一种亲密的互动关系，为我们带来了更直接和深刻的艺术体验。

雕塑可以运用各种材料塑造作品，如石材、金属、木材、陶瓷、玻璃、树脂、塑料、冰、沙子、混凝土等。这只是雕塑材料的一部分，实际上艺术家常常通过对各种不同材料的创新运用来探索新的表现手法和意念。

（1）雕塑艺术的历史　中国的雕塑艺术源远流长，起始于远古的原始社会。在早期，石雕和陶俑是两种主要的雕塑形式，主要用于祭祀和纪念。兵马俑是秦代的代表作，以其宏大的规模、精湛的技艺和生动的形象展示了秦代强大的国力和高超的工艺水平。在佛教传入中国之后，石窟艺术和佛像雕塑开始盛行，其中最为著名的要数龙门、云冈和莫高窟等石窟，这些石窟内的佛像，无论是面部的刻画，还是衣纹的处理，都展现了极高的艺术成就。宋代的木雕更加精细，作品中的人物形态各异，富有动感。而清代的玉雕则因其材料的珍贵和工艺的复杂而备受尊崇。整体上，中国雕塑艺术注重内在情感的传达和形式上追求平衡与和谐。

西方雕塑的起源可以追溯到古希腊时期，希腊雕塑家追求对人体的真实再现，如《米洛斯的维纳斯》和《萨莫色雷斯的胜利女神》等作品都展示了人体的动态美。随后，古罗马吸收并发展了古希腊的雕塑传统，更多地创作了肖像雕塑。中世纪的雕塑，主要集中于教堂的建筑装饰中。到了文艺复兴时期，雕塑家如米开朗基罗和多纳泰罗重拾古典美学传统，创作出了一系列具有深度情感和技巧的作品。近现代，随着抽象和现代主义的出现，西方雕塑开始摆脱传统的形式束缚，如罗丹和布朗库西等艺术家通过抽象雕塑展示了更广阔的艺术探索。总的来说，西方雕塑更注重形式的创新和技巧的展现，不断地在传统与创新之间寻求平衡。

进入 19 世纪和 20 世纪，随着工业革命和现代艺术运动的兴起，雕塑艺术发生了巨大的变革。材料和技术的革新为雕塑家提供了更多的可能性，如铁、钢、玻璃和塑料等新材料开始被广泛使用。此外，现代艺术中的抽象主义、立体主义和未来主义等艺术流派，使得雕塑不再仅仅局限于传统的人体或物体的再现，而是更多地强调形式和结构的创新。

（2）雕塑的分类　雕塑作为一种重要的艺术形式，历经数千年的发展，形成了多种风格和类别。按形式分类，分为圆雕、浮雕和透雕；按功能分类，分为纪念性雕塑、主题性雕塑、装饰性雕塑、功能性雕塑和陈列性雕塑；按艺术手法分类，分为具象雕塑、抽象雕塑；按放置环境分类，分为室外雕塑、室内雕塑、案头雕塑、架上雕塑等。

（3）如何欣赏雕塑艺术

① 观察体会整体造型。

观察整体：雕塑首先是一个立体的整体，其轮廓、结构和形态影响观者的第一印象。从远处观看，捕捉雕塑的大致形状和构造，感受其在空间中的存在。此时，尝试回答这样的问题：雕塑传达了哪种情感？其姿态是活泼还是庄重？这些第一印象往往为后续的欣赏打下基础。

细节观察：当我们走近雕塑，便能观察到更多的如表情、服饰、装饰、纹理等细节，这些细节是雕塑家用来传达情感、故事和主题的重要工具。例如，细腻的面部表情可能揭示了人物的心情，而服饰的选择和装饰的细节可能反映了人物的身份和社会地位。

材质感知：不同的材质都有其独特的触感和质地。雕塑家会根据主题和想要传达的情感来选择材质，硬质的大理石可能用于描绘庄重的历史人物，而柔软的青铜则适合捕捉动态的形象，温暖的木头可被用于创作具有人文气息的雕塑作品。当观赏雕塑时，思考艺术家为什么选择了这种材质，能够增加我们欣赏的深度和广度。

② 感受雕塑与空间的关系。作为一种立体艺术，雕塑与周围环境的关系至关重要。观察雕塑如何与其所处的空间互动，它是否与周围的建筑、植被或其他元素产生了有意义的对话？此外，雕塑的位置和观者的观看角度也会影响对作品的解读。

空间中的光线是雕塑艺术的最佳伙伴。无论是自然光还是人造光，都能为雕塑增添神秘感和层次感。观察雕塑如何在不同光线下展现，如影子的投射、光线如何强调某些细节等，这些都为雕塑的理解提供了有价值的线索。

③ 了解其传达的意义与情感。每个雕塑背后都承载着丰富的故事，或是历史背景，或是艺术家的创作灵感。深入了解这些背景知识，可以帮助人们更好地理解和欣赏雕塑作品。研究雕塑的创作背景、时代背景以及艺术家的生平等信息，会为欣赏过程增添更多的乐趣。若可能，可以与不同时期、不同风格、不同材质的雕塑进行比较，这能帮助理解雕塑的独特之处。

若雕塑允许观众触摸，那么实际的接触感也是一种深入的体验方式。通过触摸，可以更直观地感受到雕塑作品的材质、温度和纹理。

## 【美的思辨】

1. 有的人认为写实是美，有的人认为写意是美，你怎么看待这个问题？
2. 中国画运用哪些独特技法体现美？
3. 如何欣赏雕塑艺术？

## 【向美而行】

选择一个你喜欢的绘画或雕塑作品，描述其主题与情感、技术与风格及个人感受，说明它的历史或文化背景，并附上作品图片。

# 第二节　舞蹈与音乐

情动于中而形于言，言之不足，故嗟叹之；嗟叹之不足，故咏歌之；咏歌之不足，不知手之舞之，足之蹈之也。

——《毛诗序》

## 【美的赏析】

"无名无款，只此一卷；青绿千载，山河无垠。"《千里江山图》是北宋画家王希孟传世的唯一作品，2021年创作的融合古典与现代的舞蹈诗剧《只此青绿》，将这幅名画的壮丽景致与深邃意境搬上舞台，深受观众喜爱。

《只此青绿》（图3-10）以"诗剧"为体裁，通过"展卷、问篆、唱丝、寻石、习笔、淬墨、入画"等篇章，构建了一个时空交错的叙事框架，让观众们跟随一位故宫研究员——"展卷人"的视角，徜徉在富有传奇色彩的中国传统美学意趣之中。全剧用中国美学展现人物和空间，时空交叠，光影交错，虚实变幻，颇具诗情画意。演员们身着青绿长裙，头饰发髻高耸，用舞蹈将《千里江山图》中透出的古典与浪漫活灵活现地展现在舞台上。舞蹈中群体的舞步有时刚健遒劲，有时柔婉娴娜。她们用腰肢演绎着一座座青山的起伏，她们挥洒水袖演绎出山间一条条溪河的急与缓。演员们高耸的发髻、飘逸的长袖、曼妙的身姿，加上青绿色的长裙，准确地表现了《只此青绿》的"青绿"主题和意蕴。

图3-10 《只此青绿》

舞蹈以青绿的色彩、生动的舞姿和精心构建的美丽意象，展现出如诗如画、如梦如幻的舞蹈意境，把中国古典舞蹈之美推到了极致。

## 【美的视线】

在科学技术与网络信息极度发达的当代社会，"足不出户观天下"已经成为不争的事实。通过电视、电影、网络等媒介，人们能够轻松地了解到本土以及世界各地的历史、文化、艺术，艺术的发展与审美进入了全球化的时代。

随着社会历史的进步、科学技术的飞速发展和信息传播的日益广泛，大众对于人类各个民族创造的舞蹈与音乐的认知与审美能力在不断地提升。

## 一、舞蹈艺术及其分类

舞蹈是人类历史上最早产生的艺术形式之一，作为一种社会艺术的审美形态，它从远古时期就与人类的狩猎、耕作、战斗等生产与生活息息相关。舞蹈能直接、生动、具体地表现文字或其他艺术形式难以表现的人类深层的心理状态、强烈的情感、鲜明的个性，体现人生的价值与意义。在远古的社会生活中，人们的生活与舞蹈息息相关：婚丧嫁娶、生育献祭、播种丰收、驱病除邪，一切都离不开舞蹈，舞蹈成为远古先民们质朴的生活方式和感知世界的手段。

### 1. 舞蹈艺术

舞蹈艺术是以提炼加工的人体动作为主要表现手段，运用舞蹈语言、音乐节奏、舞者表情等多种基本要素，通过具有直观性和动态性的艺术形象，展现作品主题、表达思想情感的一种艺术形式。

### 2. 舞蹈分类

首先，根据舞蹈的作用和目的，舞蹈可分为生活舞蹈和艺术舞蹈两大类。生活舞蹈是人们为了满足自身的生活需要而进行的舞蹈活动；艺术舞蹈则是为了表演给观众欣赏而创作的。前者具有群众性与普及性，比如广场舞、交际舞以及各类节日庆典中的舞蹈等；后者专门指专业性比较强的、通过艺术创作加工的作品，此类作品通常具备较高的技艺性，主要包含古典舞和现代舞两个大类。

古典舞：各个民族在民间传统舞蹈的基础上通过艺术提炼、加工、专业整理而形成的具有一定程式化和典范意义的舞蹈，比如中国本民族的古典舞、欧洲芭蕾舞、印度古典舞等。

现代舞：现代舞力求打破古典舞的程式化动作，以更加自由、灵动的表现形式强调对真实状态的呈现。现代舞通过舞者的肢体动作来表现情感，抒发人们的真实情感。

其次，以功能性划分，有仪式舞蹈、交际舞蹈等。

最后，以民族划分，有汉族舞蹈和各少数民族舞蹈。

## 二、舞蹈赏析的方法

面对各种不同的舞蹈，应当从哪些方面进行欣赏呢？或者说怎样才能更好地感受舞蹈的美呢？以下分别从四个层面来展开鉴赏。

### 1. 节奏层面

舞蹈艺术离不开节奏，节奏和节拍体现了时间与力度的关系，构成了舞蹈展开的基础。因此，节奏感对舞蹈艺术而言至为重要。舞者必须在一定的节奏和节拍中展现作品，体现舞姿。节奏与人类情感有直接关联，例如：表现高兴、喜悦时，节奏多为快速状态；表现悲伤、难过时，节奏则为慢速状态；表现紧张、不安时，节奏会出现不规则以及非常态的节奏类型等。

### 2. 动作层面

动作对于舞蹈犹如旋律对于音乐一样，动作是舞蹈艺术的核心表现之一。舞者的身体曲线、姿态、神情、空间把握能力以及整体的节奏感与形态美，都围绕着动作展开，它需要舞者具备深厚的舞蹈素养，才能准确地、艺术性地表达出作品的内涵。例如，表现劳动，不同的劳动种类产生了不同的舞蹈动作和劳动号子。不同的舞蹈种类在表达同一情形时也会在动作上展现出鲜明的差异。

### 3. 表现层面

缺乏真情实感的作品往往难以成就其艺术价值。在舞蹈传情达意的过程中，舞者需要对作品建立深入的情感体验，在此前提下，再通过舞者的情感表达与身体形态传达出作品想要表达的情感与精神。例如，舞者的眼神、面部神情、肢体语言以及一些无形的意蕴因素都可以归为表现层面。

### 4. 整体效果

整体效果包括舞美、灯光、音乐、服装以及现代多媒体技术等多种因素。不同的作品对这些因素的要求是不同的，为了深入表达作品主题，各艺术要素应当与作品整体形成有机统一的配合。这样才能更好地展现舞台效果与作品内涵，让舞者能更深入地呈现作品，同时也让受众更多角度地欣赏作品。

## 三、经典舞蹈作品解析

### 1. 中国古典舞《扇舞丹青》

在《扇舞丹青》这部舞蹈作品中，舞台背景运用了如音乐、绘画以及山水、竹子、荷花、菊花、梅花等元素，通过一个又一个中国古典文化精神的象征意象顺次呈现，展示了浓郁的传统文化审美气韵。作品在音乐的选用上，采用了古筝作为伴奏乐器，乐曲改编自古曲《高山流水》。在清晰饱满的琴声中，舞步灵动地展开，时而慢移轻跃，时而激烈紧促，动与静张弛兼备，艺术性地创造出了恬静、灵动、玄妙、高远的意象世界。

如图 3-11 所示，舞者与折扇如同人扇合一，动作身姿出神入化，传达了久远古老的中国传统书法艺术之美，动态地展现了"纸上的舞蹈"。当舞者轻轻一跃，腾空而起时，其身形宛如狂草走笔之姿，又如刚柔并济的美妙剑术，在有限的舞台空间中传达了浓缩而丰富的意象，共同构建了一个隽永、典雅、深邃的精神意境。这部作品将舞、乐、书、画、诗、剑等多种艺术形式融为一体，情景交融，达到了含蓄蕴藉、言有尽而意无穷的艺术境界，表达了中国人所追求的极致的审美情怀。

从舞蹈艺术本体层面来看，该作品摒弃了传统舞蹈中常见的情节叙述和戏剧冲突作为表达手段，而是最大限度借由舞者自身的动作语言，通过对时间、空间、力量这舞蹈三要素的把握来塑造美的体验。紧随音乐的发展，舞姿传达了刚柔相济、错落有致、抑扬顿挫、快慢相宜的审美体验。相比同类舞蹈而言，该作品的表现打破了传统舞蹈中阴柔过多、力量欠缺的固有印象。舞者在表演中明显增强了刚性力量的凸显，由此营造出一种洒脱、遒劲、灵动、沉稳的气质，以及出乎意料的突变等视觉体验。

图 3-11    中国古典舞《扇舞丹青》演出照

通过舞者的演绎，初步感受到了中国传统舞蹈之美。在舞者拧、倾、圆、曲、闪、转、腾、挪的舞姿与步伐中，领略到了中国传统舞蹈以刚健挺拔、含蓄柔韧的舞姿所体现出来的内在精神——以神领形，以形传神。

### 2. 蒙古族舞蹈《奔腾》

蒙古族历来是能歌善舞的民族，蒙古族舞蹈作品《奔腾》（图 3-12）塑造的是蒙古族青年牧民在新时代背景下，积极乐观和奋发向上的精神风貌。作品为三段体结构，音乐上分为"快 - 慢 - 快"三个部分。

图 3-12    蒙古族舞蹈《奔腾》演出照

在舞蹈的第一段中，舞台呈现为群舞之势，舞阵由局部到全部呈现，视觉效果跟随镜头的变换逐渐递进，展现了骁勇彪悍的蒙古族牧民在无垠苍茫的草原上自由驰骋、万马奔腾的游牧气象。舞阵忽聚忽散，似行又止，整个舞蹈画面豪迈雄浑、磅礴壮观。在每分钟130拍的速度下，舞者以幅度不大的舞姿蓄势展开，刻画牧民在茫茫草原自由放牧的宁静与和谐。紧随其后的第二段进入慢板，动作换为凸显蒙古族舞蹈肩部特征的舞姿，与首段在速度、画面、动作语言上都形成了鲜明的对比。第三段再次回归快速节奏，全体舞者快速进入大幅度、长线条的揉臂动作，将茫茫草原上万马奔腾的气势升华到了极致。

该作品鲜明地继承了传统蒙古族舞蹈"拧肩、坐腰"的典型体态特征，通过强化舞蹈造型和构图来丰富内容。从一个核心动作引申出若干个动作，使作品呈现的肢体语言更具强大张力。在舞台构图上，讲究舞台空间的点、线、角、面等方面的运用，并进行了有机的排列组合，一般规律是由少渐多、层层递进，勾勒出蒙古族骑手在苍茫草原上纵马驰骋的雄浑气象。

"艺术是人精神的表现形式"，一个时期的舞蹈作品与这个时期的社会历史是不可分割的统一体。通过这部作品，不仅能够清晰地看到蒙古族人民勇往直前的民族个性，还反映了新时期中华民族昂扬奋发的生命状态。

### 3. 芭蕾舞剧《天鹅湖》

舞剧之"剧"，即剧情之意。库尔特·萨克斯在《世界舞蹈史》一书中指出，原始舞蹈中的面具舞，通过祖先崇拜的想象与模仿型舞蹈的结合，最终发展为戏剧。格罗塞也明确地提出，模拟式舞蹈的高级形式实为戏剧的雏形。从历史演进的观点看来，戏剧实为舞蹈的一个分体。

芭蕾舞剧《天鹅湖》（图3-13）一共分为四幕展开剧情，承袭了戏剧艺术的创作特点，创造性地融入戏剧表现手法，结合舞蹈艺术的特征为舞蹈赋予强烈的戏剧性。

图 3-13　芭蕾舞剧《天鹅湖》剧照

《天鹅湖》源于童话，讲述了公主奥杰塔被魔王变成了白天鹅，她在天鹅湖畔与王子相遇、相爱，最终克服重重困难，恢复人形，与王子终成眷属的故事。

在该作品中，白天鹅奥杰塔公主代表善良正义，黑天鹅奥洁丽雅代表邪恶，二者的矛盾贯穿全剧。在作品的第三幕中，邪恶的黑天鹅出场，将作品的紧张冲突置入高潮。在选公主的宴会上，魔王与黑天鹅的计谋使王子被迷惑，黑天鹅以假乱真的表现十分精彩。舞段的创设安排、戏剧情节的深入开展、人物关系的复杂交织，以及主要角色的塑造，使这部作品成为不朽的经典。

该作品对舞蹈演员的专业功底有很高的要求，需要完成频繁的"大跳""平转""鹤立转""五位转"等高难度技术动作。舞者通过精湛的技艺塑造出奥杰塔公主这一经典的形象，将角色的情绪、情感以及精神追求充分融入舞蹈的演绎过程当中。舞者以卓越的身姿展现出了天鹅轻盈、灵动的姿态。除此之外，频繁的"托举"和"变奏"，要求男女舞者相互配合默契。白色舞衣与舞者的翩然身姿相得益彰，像极了水中悠然自得的天鹅，让观赏者感受到了芭蕾舞独特的魅力。

《天鹅湖》高度体现了人类对善良正义的永恒向往，对两性真挚美好爱情的永恒追求，以及对艺术之美与生活之美的执着创造。作品所散发的宁静纯粹、正义勇气和艺术之美，能让观者暂时跳出纷扰的世俗生活，获得精神上的愉悦、心灵上的触动与荡涤。

## 四、音乐艺术及其分类

音乐是一门古老的艺术，在人类漫长的历史中，古今中外经典的作品浩如烟海。音乐是一门怎样的艺术？它的分类是怎样的？

### 1. 音乐艺术

音乐艺术是通过有组织的声音构成的听觉意象，用以表达人们的思想感情与社会现实生活的一种艺术形式。音乐是听觉的艺术，是所有艺术中最为抽象空灵的存在。从人类思想情感的角度来看，音乐中所用的声音是经过作者主观选择的声音，其背后凝结了人类的情感、思想、审美诉求，构成了音乐意象。所谓"音乐意象"，指的是整个音乐作品所表现出的艺术家的思想感情，并在欣赏者的思想感情中所唤起的意象或意境。例如《春江花月夜》用甜美、安适、恬静的曲调，表现了在江南月夜泛舟于景色如画的春江之上的感受，创造了令人神往的音乐意境。构成音乐意象的声音，是一种有组织有规律的和谐音乐，包括旋律、节奏、调式、和声、复调、曲式等要素，总称为音乐语言。由于通感的作用，也可能引起听众的视觉意象，使之产生丰富生动的联想和想象，进而引起强烈的情感反应，体验到音乐家在作品中表达的思想感情和意境，从中获得美感，并为之感动。音乐的音色、音调起伏、节奏速度等表现手段，能起到与语言的表现手段同样的作用。

### 2. 音乐分类

音乐大致可以分为纯音乐性质的器乐音乐和人声演唱的音乐两大类。器乐曲常见的有交响曲、室内乐、重奏曲、夜曲、随想曲、交响诗、回旋曲、变奏曲等；声乐曲常见的有民歌、劳动号子、山歌、小调、艺术歌曲、声乐套曲、合唱、重唱、音乐剧、歌剧等形式。

## 五、音乐赏析的内容

### 1. 创作背景

任何作品都离不开创作者与其所生活的社会与时代。了解作品产生的时代与社会背景，以及创作者本人的生平，能帮助人们在宏观上走近作品，这是欣赏作品之前需要准备的工作之一。

### 2. 本能聆听

这是最简单、直接的欣赏方式。作为听觉艺术的音乐，首先是为人类的听觉服务的，因此主动聆听和感受是鉴赏作品的第一步。

### 3. 体裁、时期和风格

辨别作品所属的体裁与风格，分析作品是声乐类还是器乐类，如果是声乐，辨别是合唱还是独唱、重唱还是齐唱；如果是器乐，辨别是交响曲还是室内乐。另外，辨别作品属于哪个时期、什么风格，也是尤为重要的欣赏因素。比如，中国近代音乐便是保家卫国的战争音乐和革命主题，体裁多为群众性的合唱、齐唱。

### 4. 思想情感

任何作品都凝结着创作者的思想情感，创作者作为人类社会历史中不可分割的个体，其作品中必然反映了社会生活和个人的思想情感，当然也有超越其所属时代的情形。因此，聆听音乐并感受与体会作品的思想情感，也是欣赏音乐不可或缺的因素。

### 5. 音乐本体

对于有一些音乐素养的听众而言，在聆听时能够感知作品的曲式结构、和声进行、节奏特点、伴奏织体、配器等本体层面，这是更为深入与专业的鉴赏能力，需要听者平时积极积累音乐基本知识与素养。

## 六、经典音乐作品赏析

### （一）中国传统音乐赏析

中国传统音乐以其悠久的历史和独特的审美品格而闻名，其旋律优美、节奏自由、追求意境、情感表达丰富。

中国传统音乐所使用的民族乐器种类繁多，各具特色，包括：打击乐器，如鼓、编钟、编磬、锣；吹管乐器，如笛、箫、唢呐、笙、埙、葫芦丝；弹拨乐器，如琴、瑟、筝、箜篌、阮、琵琶、柳琴、月琴、扬琴；拉弦乐器，如二胡、板胡、京胡等。

### 1. 古琴名曲

古琴作为中国历史最悠久的乐器之一，其独奏曲目常被视为中国传统音乐的精髓。《高山流水》《广陵散》《平沙落雁》等是古琴十大经典名曲，这些作品通过琴音展现了自然景象与人文情怀的完美结合。

（1）《广陵散》　以其独特的武曲风格著称于世。这首源自战国时期的历史题材作品，通过四十五个段落完整叙述了聂政刺韩的悲壮故事。"正声"与"乱声"两个部分的强烈对比，配合拨剌、锁弦等特色演奏技巧所模拟的兵器碰撞之声，将古代侠士舍生取义的精神气节表现得酣畅淋漓。"冲冠""发怒"等段落将聂政的悲愤之情表现得淋漓尽致。此曲因嵇康临刑前弹奏而闻名于世，体现了古代士人"士为知己者死"的精神气节。

（2）《高山流水》　相传是根据古代俞伯牙和钟子期以乐会友、结为知己的故事而创作的，乐曲古朴淡雅，抒情述志，正所谓"高山流水遇知音"，在清代琴家张孔山的创造性演绎下获得新生。全曲通过大量滚拂指法的连续运用，将水流从涓涓细滴到奔腾入海的全过程展现得淋漓尽致，"起承转合"的结构暗合道家阴阳变化的哲学思想。1977年，古琴大师管平湖演奏的《流水》（《高山流水》部分传谱中的经典段落）被录入旅行者金唱片飞向太空，成为代表人类文明的音乐符号之一。

### 2. 琵琶名曲

琵琶是中国传统音乐中极具表现力的乐器之一，《十面埋伏》《春江花月夜》等作品展现了琵琶丰富的音色变化和叙事性特点。

（1）《十面埋伏》　是著名的琵琶武套（"武曲"侧重表现激烈场景），生动再现了楚汉相争的关键战役。全曲13个段落，描绘了从战前准备的肃杀氛围，到短兵相接的惨烈厮杀，直至霸王别姬的悲剧尾声。演奏者通过绞弦技法模拟剑戈相击之声，运用疾风骤雨般的轮指技法表现万箭齐发之势，堪称用音乐书写历史的典范之作。

（2）《春江花月夜》　与《十面埋伏》形成鲜明对比，是琵琶文曲的代表作，后经柳尧章改编为民乐合奏。乐曲采用中国传统音乐特有的"换头合尾"结构手法——即每个段落起始旋律变化而结尾保持统一，增强旋律的统一感。通过10个段落展现江南月夜泛舟的诗意画面。琵琶的推拉吟揉技法模仿水波荡漾，箫鼓交替出现营造空灵悠远的意境，完美诠释了唐代诗人张若虚"江畔何人初见月？江月何年初照人？"的永恒哲思。

### 3. 二胡名曲

（1）《二泉映月》　由民间音乐家华彦钧（阿炳）创作的《二泉映月》是20世纪中国器乐作品中的巅峰之作。全曲采用中国传统的变奏体结构，通过六个段落层层递进，抒发作者对坎坷人生的感慨。二胡细腻的揉弦和运弓变化犹如声声叹息，"颤弓"技法的运用更强化了情感的跌宕起伏。国际著名指挥家小泽征尔曾含泪表示："这样的音乐应该跪着听"，这道出了作品震撼人心的艺术力量。

（2）《赛马》　是黄海怀于1964年根据蒙古族民间音乐创作的二胡独奏曲。乐曲采用三部曲式，生动描绘了那达慕大会上的赛马盛况。快板段落的连续顿弓犹如马蹄疾驰的节奏；中段悠长的歌唱性旋律则抒发了草原民族的豪迈情怀；结尾再现部的华彩乐段更将表演技巧推向极致。全曲技巧华丽而不失民族韵味，是二胡炫技作品中的典范之作。这部作品成功打破了人们对二胡只能表现哀怨情绪的刻板印象。

### 4. 古筝名曲

《渔舟唱晚》是娄树华于 1938 年根据古曲及山东民间音乐素材改编的筝独奏曲。全曲的三个段落构成完整的日落归舟图景：首段舒缓的慢板描绘夕阳余晖中的湖光山色；中段渐快的节奏模仿摇橹划桨的动作；尾声连续的花指技法则模拟浪花飞溅。乐曲巧妙运用古筝特有的按滑音表现水波荡漾之声，"以韵补声"的演奏理念在此得到完美体现——左手按滑产生的微妙音高变化，赋予每个音符水墨画般的渲染效果，尽显中国传统音乐的写意之美。

### 5. 唢呐名曲

源自山东、安徽、河南等地民间音乐的唢呐经典曲目《百鸟朝凤》，展现了农耕文明的喜庆氛围，常用于婚庆场合。乐曲采用循环体结构，在固定旋律框架中即兴模仿各种鸟鸣声。"循环换气法"的使用使乐句连绵不断，"唇颤音""指颤音"等技法惟妙惟肖地表现了布谷、画眉等数十种鸟类的啼叫声。全曲热烈欢快，体现了民间艺术对生命力的礼赞。

### 6. 笛子名曲

笛子和箫作为吹奏乐器，常用于表现田园风光和抒发情感。《鹧鸪飞》等作品以其悠扬婉转的旋律深受喜爱。

《鹧鸪飞》原为湖南民间乐曲，1956 年经笛子大师赵松庭改编而成。乐曲采用中国传统的板式变化体结构，从舒缓的慢板到热烈的快板层层推进，形象地描绘了鹧鸪鸟由静至动的飞翔过程。南派笛特有的颤音、打音等技法生动地模仿鸟类振翅的声音效果，气息控制的强弱变化则营造出群山回响的空间感。该作品开创了笛子仿生音乐的先河。

中国传统器乐作品在题材上可分为三类：叙事性作品（如《十面埋伏》）、写景状物作品（如《流水》）和抒情言志作品（如《二泉映月》）。在演奏技法上呈现出鲜明的拟声化特征——古琴的滚拂拟水声、琵琶的绞弦拟兵器声、唢呐的颤音拟鸟鸣声等。这些拟声化技法与音乐旋律、情感表达紧密结合，共同构成了中国传统音乐独特的意象表达体系，通过声音符号传递着中国人特有的审美情趣和生命感悟。这些经典穿越时空，承载着中国人特有的审美理想——《广陵散》中的精神操守，《渔舟唱晚》中天人合一的哲学观，《百鸟朝凤》中生生不息的生命意识等，显示了中国传统音乐的文化基因。

## （二）交响乐曲目赏析

交响乐作为音乐艺术的巅峰形式，以其宏伟的结构、丰富的表现力和深厚的文化内涵，成为人类文明的重要组成部分。

欣赏交响乐不仅需要感受音乐本身的美感，还需要了解作品的历史背景，关注音乐结构，聆听音乐中的旋律、节奏与和声变化，感受作曲家的情感表达。

### 1. 贝多芬《命运交响曲》

《命运交响曲》是贝多芬最著名的作品之一，更是古典音乐史上具有里程碑意义的杰作。《命运交响曲》体现了贝多芬对命运的抗争与不屈的精神。这部交响曲共分为四个乐章，各乐章之间结构紧密，情感发展连贯。第一乐章以激昂的快板奏鸣曲式开头，充满紧张与冲突，表现了贝多芬对命运的挑战和抗争；第二乐章则相对柔和，带有宗教色彩，展现了作曲家内心的平静与希望；第三乐章是对比鲜明的舞曲风格，充满活力；第四乐章则以胜利的欢呼结束全曲，象征着光明战胜黑暗、自由战胜压迫的最终胜利。

贝多芬通过严谨的结构、简练的手法以及鲜明的形象，将个人的情感与哲理融入音乐之中，使其成为一部兼具思想性和艺术性的史诗性作品。这部作品体现了贝多芬在面对耳聋、失恋等人生打击时的坚韧与不屈，激励了无数人以乐观的态度面对生活中的苦难与挑战。

### 2.《红旗颂》

《红旗颂》以红旗为核心意象，开篇以小号奏出号角般的引子，随后弦乐、铜管等乐器层层递进，构建出宏大庄严的气势。旋律中融入《东方红》《国际歌》的音乐素材，既彰显民族风格，又展现革命精神。

《红旗颂》是中国交响乐民族化探索的成功范例，广泛传播于国内外。作为红色经典音乐，《红旗颂》以其恢宏的气势和激昂的旋律深受观众喜爱，成为几代人心中的红色记忆，在反映时代精神与文化内涵上具有标杆意义，是中国交响乐的代表性佳作之一。

交响乐在音乐艺术领域占据着极为重要的地位，其经典曲目不仅展现了作曲家的艺术成就，而且反映了人类社会的历史变迁与文化内涵。通过欣赏这些作品，我们不仅能感受到音乐的美，还能走进作曲家的世界，体会他们的情感与思想。

在本节中，我们领略了舞蹈与音乐这两种古老艺术体裁的独特魅力。优秀的作品不仅陶冶情操，更滋养心灵。在日常的生活中，我们都应该主动培养对音乐和舞蹈的审美能力，进而提升我们感受美、创造美的能力。

【美的思辨】

1. 请了解音乐和舞蹈不同分类的代表作，并进行赏析。
2. 请分析舞蹈和音乐的关系。

【向美而行】

请大家通过加入合唱团、小乐队以及参与舞蹈社活动等实践形式，进一步体验舞蹈与音乐艺术。

# 第三节　戏剧与戏曲

中国的戏曲、希腊的悲剧与喜剧、印度的梵剧并称为世界三大古老的戏剧文化，体现了悠久古老的戏剧艺术魅力。

【美的赏析】

现代革命京剧《智取威虎山》（图3-14）主人公杨子荣的经典唱段："穿林海跨雪原气

冲霄汉，抒豪情寄壮志面对群山"，那高亢激昂的唱词，洒脱洗练的身姿，以及威武庄严的神情，瞬间夺人心魄，让人不禁暗自叫绝。

图 3-14 经典现代革命京剧《智取威虎山》

《智取威虎山》作为现代革命京剧的杰出代表，讲述了革命战争时期一段以智取胜的革命故事。剧中杨子荣、参谋长、李勇奇、小常宝等人物为革命出生入死，甘洒热血，在所不惜；同时，剧中的"座山雕"（张乐山）、栾平等一众反面角色通过在灯光、舞美、化妆等方面的精心打造下，更加凸显了正面人物的足智多谋和英雄形象，使得整部剧的戏剧张力十足。

戏曲讲求唱念做打等基本功，在唱腔方面，主人公杨子荣多段唱腔都挺拔激昂，气吞山河。除了开头说的"迎来春色换人间"，还有如"今日痛饮庆功酒""党给我智慧给我胆""血债还要血来偿""胸有朝阳"等经典唱段，至今仍被经久不衰地传唱着。在动作表演上，创造性地借鉴了中国传统民间歌舞、芭蕾舞等元素，这些都大大拓宽了京剧的表现形式与手段，让看惯了传统戏的观众为之兴奋不已。

## 【美的视线】

## 一、戏剧艺术

戏剧是一种融文学、美术、表演、音乐、舞蹈等多种形式于一体的综合艺术形式，它由语言、动作、场景、道具等组合为表现手段，通过编剧、导演、演员的共同创造，把生活中的矛盾冲突，十分尖锐、强烈、集中地再现于舞台之上，使观众犹如亲眼所见或亲身经历戏剧中发生的事件，从而获得具体生动的艺术感受。

　　追溯戏剧的起源，大致有歌舞、巫觋、傀儡、俳优、外来、民间六种说法，足见戏剧艺术的复杂。"演员""故事""舞台""观众"是任何戏剧体裁都不可或缺的四个部分。"演员"是戏剧的核心，必须具备扮演的能力。通过演员的表演，剧本中的角色才能得以呈现，如果抛弃了演员的表演，那么所演出的便不再是戏剧。

　　戏剧中的多种艺术因素分别起着不同的作用，它们在综合整体中的地位不是对等的。在戏剧综合体中，演员的表演艺术居于中心、主导地位，它是戏剧艺术的本体，形体动作和台词是戏剧艺术的基本手段。剧本是戏剧演出的基础，直接决定了戏剧的艺术性和思想性，它作为一种文学形式，虽然可以像小说那样供人阅读，但它的基本价值在于可演性，不能演出的剧本不是好的戏剧作品。戏剧演出中的音乐成分，无论是插曲、配乐还是音响，其价值主要在于对演员塑造舞台形象的协同作用。戏剧演出中的造型艺术成分，如布景、灯光、道具、服装、化妆等，也是从不同的角度为演员塑造舞台形象起特定辅助作用的。以演员表演艺术为本体，对多种艺术成分进行吸收与融合，构成了戏剧艺术的外在形态。

## 1. 戏剧分类

　　戏剧艺术有着悠久的历史，体裁形式多样。按表演形式，分为歌剧、舞剧、话剧、音乐剧、诗剧、木偶戏、皮影戏等；按题材，分为神话剧、历史剧、传奇剧、市民剧、社会剧、家庭剧、科学幻想剧、儿童剧等；按作品规模结构，分为独幕剧和多幕剧；按照作品的类型样式，分为悲剧、喜剧、正剧。

　　悲剧作为最古老的戏剧种类之一，在古希腊时期有着很高的艺术成就，其剧情往往是通过正义的毁灭、英雄的牺牲或主要人物命运的坎坷彰显人性的光辉力量，通过美好事物的毁灭体现巨大的震撼，使观众于悲痛中升华与净化。

　　喜剧一般以夸张的手法、巧妙的结构、诙谐的台词、对喜剧性格的刻画，引发人们对丑的、滑稽的现象予以嘲笑，对正常的人生和美好的理想予以肯定。

　　正剧是出现较晚的戏剧类型，在悲剧与喜剧之后形成的第三种戏剧体裁。18世纪的法国思想家狄德罗和剧作家博马舍称这种剧为"严肃剧"。经过大力倡导之后，这种取材于日常生活并具有社会现实意义的正剧才迅速发展起来。

## 2. 戏剧艺术欣赏方法

　　作为高度综合的戏剧艺术，从其诞生起便散发着迷人魅力。一个脚本一出戏，包罗万象，无奇不有，真可谓是观古今于须臾，抚四海于一瞬。面对种类纷繁的戏剧艺术，我们该如何进行欣赏呢？大致可以从以下三个方面入手：

　　（1）了解戏剧剧情　了解戏剧所展示的冲突产生、发展的过程，从而完整地把握戏剧的情节。在观赏戏剧的过程中，应该深入分析剧情中冲突的起因、演变与结局，能够帮助我们更完整地把握剧本的剧情主线。

　　（2）把握戏剧语言　语言是构成剧本的基础，戏剧语言是尤为重要的一环。音乐剧与歌剧的语言是音乐与歌词，舞剧的戏剧语言是音乐与舞蹈，诗剧的戏剧语言是诗歌、道白、韵白等文学要素与音乐的配合，不同的戏剧类型所应用的戏剧语言必然不同。

　　（3）欣赏戏剧人物形象　大部分戏剧都有主角与配角，主角的人物形象、人物性格是剧情的核心所在。观众喜欢一个角色往往不是因其表面的台词和动作，而是其内在的人物性格、人物形象。在欣赏时应该紧紧跟随人物的主要特征、言行以及反常的表现，通过剧情发展来全面深刻地理解角色内涵。

### 3. 经典剧目的内容解析

这里选取了歌剧类作品《这里的黎明静悄悄》和舞剧类作品《杜甫》，通过不同的戏剧体裁来展现戏剧艺术的丰富多彩。

（1）歌剧《这里的黎明静悄悄》

① **剧情简介**：歌剧《这里的黎明静悄悄》以二战时期苏联的卫国战争为背景，讲述了勇敢又细腻的准尉瓦斯科夫率一队女兵坚守铁路设施的英勇事迹。女兵中有善良可爱的丽莎、才华横溢的索妮娅、沉浸于幻想的嘉丽娅、美丽耀眼的冉卡、果敢沉着的丽达，这些青春的女兵心怀对战争胜利后的美好憧憬。直到某一天，丽达在看望完儿子返回兵营时发现德军行踪，告知准尉后，他们判定德军正在毁坏铁路设施，于是战争开始了。在敌众我寡的情况下，战士们一个个牺牲，她们在面对保卫祖国的战役中没有选择逃跑，而是克服了极度的恐惧，坚持到了最后一刻，以自己的生命为代价赢得了这场战斗的胜利。广阔的森林和寂静的黎明见证了这场生死激战，五个青春的生命永远沉睡在了那片寂静的森林……

② **剧情与音乐赏析**：该歌剧分为上下两幕，第一幕主要渲染"青春的情感"，第二幕主要表现"伟大的牺牲"，歌剧音乐对整个情感基调起着主导意义。第一幕意在铺陈，刻画死亡与战争到来前的平静美好，女兵们互相倾诉对过往美好生活的回忆，展现了年轻的女孩们不同的生活经历，也体现了战前苏联民众的日常生活与民族精神。第二幕一开始便是战争笼罩，生与死在瞬间就会发生，音乐的基调由平静转为激荡、冲突、紧张、恐怖。随着每位女兵的唱段逐一呈现，剧情逐渐展开，乐曲中穿插着熟悉而又经典的苏联民间乐曲，女兵们的唱段精彩感人，高潮跌宕起伏，在冉卡的壮烈牺牲节点全剧的战争意味到达顶点。最终，准尉沉浸在牺牲战友的回忆中。在沉默哀伤中，准尉最后的唱段将剧情再次推向高潮。

（2）舞剧《杜甫》（图3-15）

图 3-15 《杜甫》剧照

① **剧情简介**：杜甫被后世誉为"诗圣"，他一生心忧天下、悲悯苍生。他的诗作堪称半部唐史，约两千首诗流传后世，将时代风云的变迁、民生的悲喜哀怨都诉诸笔端。大唐盛世已成往事，但杜诗和他的精神品格仍是中国人永恒的丰碑。

《杜甫》以舞剧艺术的形式来体现主人公一生壮志难酬与命运多舛，剧情跌宕起伏，感人肺腑，其间也讲述了唐帝国从万国来朝的盛况到动乱衰退的历史沧桑。

② **内容赏析**：全剧分为四幕或四个篇章。分别为：第一篇"壮游羁旅"，也是全剧的序言部分；第二篇"长安十载"；第三篇"弃官归隐"；第四篇"登高望远"。剧情以舞蹈形式意象化地呈现和讲述了杜甫颠沛流离的一生。作品在设计上立意高远，艺术性地展示了诗人坎坷多舛、动荡流离的人生实况。全剧紧凑翔实，浓缩了诗人从宦游到为官，再到弃官而去的主线历程，从哲学视角展示了其关于入世与出世的挣扎和最终选择。剧情着重表现了诗人为内心理想执着奋斗、为百姓苦难奋力疾呼、为士大夫精神品格毫不屈尊谄媚的伟岸形象。作品细腻地刻画了"诗圣"杜甫"视国家为生命、以民生为己任"的民族大义和气节情怀。

舞剧《杜甫》摆脱传统的情节叙事，以大写意的手法实现"以舞构剧"，通过一个个符合戏剧表现特征的"块状舞段"的转换，营造隐喻的心理情境空间，既展现杜甫丰富的内心情感，又揭示"诗圣"所处的时代背景，折射出卓越诗史产生的社会文化根源。

该剧融入中华民族传统文化元素，对剧情、舞段、服装、舞台造型、灯光、道具等进行合理设计，巧妙地将古典舞、汉唐舞、现当代舞语汇有机融合，中西合璧，在意象化诠释家国情怀的同时，给人以唯美、时尚的现代视觉美感。

舞剧《杜甫》根据剧情发展需要，"两个杜甫"以时空交错的方式出现。结合"两个杜甫"不同的人物角色定位，梳理"隔空对话"线索，设计对比强烈的舞蹈动作，增强剧情张力，凸显杜甫内心思想与社会现实的矛盾冲突，进一步深化了该剧的主题。

《杜甫》之中的配乐也相当贴切，以箫的"孤独感"映射杜甫悲怆的一生。在大场面的舞段如《兵车行》中，加入了琵琶、鼓等传统乐器，展现盛唐恢宏之美。

舞剧在一幕幕推进中展示诗人的一生，在音乐慢慢转为安静时全剧结束，曲终韵不尽，令人回味无穷。

杜甫的一生波澜壮阔又沉郁雄浑，恰如他笔下的诗作。唐朝的盛世与衰败也在他的诗作中如实地记录下来。通过《杜甫》舞剧艺术的魅力，引导观众敞开视野与心胸，感悟自我、感悟家国、感悟天地、感悟众生。

## 二、戏曲艺术

中国戏曲是我国传统戏剧的一个独特称谓。宋代刘埙在《词人吴用章传》中提出"永嘉戏曲"，即"永嘉杂剧"。自近代王国维开始，才把"戏曲"作为中国传统戏剧文化的通称。

戏曲是一种高度综合的艺术形式。中国戏曲融汇着中国民间歌舞、说唱和杂戏等多种不同艺术形式，它由文学、音乐、舞蹈、美术、武术、杂技以及表演艺术综合而成，是一种历史悠久的综合舞台艺术样式。

戏曲作为中国传统艺术之集大成者，从剧种而言，中国戏曲种类繁多，地域性很强；从表演形式而言，戏曲是载歌载舞、说唱兼具，韵白和道白划分清晰；从剧本内容而言，有文戏和武戏的激烈对抗，有才子佳人的浪漫爱情，有文臣武将的家国情怀，有市井小民的悲欢离合等，内容包罗万象；从舞台表现而言，戏曲艺术的舞台表现集唱、念、做、打于一体，集传统服装、美术、风俗、方言等元素熔于一炉；从角色划分而言，分为生、旦、净、丑四大行当，不同行当有着不同的扮相与独特的音色要求；从音乐构成而言，汇集了中国民间丰富的民歌小调、器乐、乐种，以及少数民族独有的艺术形式，如是种种，不胜枚举。

中国戏曲艺术在世界戏剧史上堪称独树一帜的存在，凝聚着中华民族博大精深的文化传统与审美习俗。

### 1. 戏曲分类

中国戏曲种类繁多，不同地域有着不同的种类，据不完全统计，目前大致有 267 种，其中影响较大的是以京剧、越剧、黄梅戏、评剧、豫剧为代表的五大戏曲剧种。同时，从中国戏曲声腔特点来划分，大致分为四大声腔，分别为：皮黄腔、昆腔、梆子腔、高腔。昆曲素有百戏之祖的美称，秦腔被誉为所有梆子腔之鼻祖。

### 2. 戏曲艺术欣赏方法

对中国戏曲的鉴赏，不同群体有不同的欣赏方式。针对更为广泛的群体而言，由剧本剧情的简要了解，再到语言、声腔与剧种的辨析，直至最后整体把握作品全局，无疑是完整、合理的欣赏顺序。

（1）阅览作品剧本　中国戏曲是一种历史悠久的综合性艺术，它由文学、音乐、舞蹈、美术、武术、杂技以及表演艺术综合而成。戏曲剧本以文学创作为基础，了解剧本能帮助观众深入戏剧情节，掌握主要故事线索和矛盾冲突。在通读剧本的基础上再去观看戏曲，能够让人更加熟悉地把握整部戏的发展脉络。

（2）辨析语言、声腔与剧种　戏曲中的语言包括人物之间的对话、独白、旁白等，这是人物心理活动与行为动作的外化，并由此展开戏剧冲突，塑造人物形象，揭示戏剧主题。

辨别一个地方戏剧种主要依靠声腔、音乐旋律和方言唱念特征来划分。例如，京剧属于皮黄腔，语言以字正腔圆普通话为主；四川的川剧属于高腔，多以四川方言展开；浙江的越剧属于昆腔系，大多使用江浙方言；广东的粤剧建立在粤语基础上；河南的豫剧属于梆子腔，有着浓郁的河南方言；西北的秦腔也是梆子腔，以两陕地区方言为主。另外，还有山东的吕剧、福建的闽剧、湖北的汉剧、河北的评剧、江苏的昆剧等。

（3）对人物形象的把握　首先，要关注人物的主要性格特征，对同一人物进行多角度的观察，抓住其主要性格特征。其次，要关注人物的语言、唱段、动作神情，简而言之，就是唱、念、做、打四个方面。最后，高屋建瓴地提炼整个剧情，了解各主要人物在其中的发展变化历程，力求较为全面地感受人物外在与内心世界。

（4）常见戏曲脸谱的寓意与象征性　京剧中不同的脸谱代表不同的人物性格（图3-16）。

① 红脸：多数情况下表示忠义勇敢，典型代表是关羽。有时也具备戏谑或嘲讽之意，表现那些表面忠诚实则虚伪的角色。

② 黑脸：表现正颜厉色、铁面无私、勇猛威武，代表人物为包公、张飞、李逵等角色。

③ 白脸：表现多疑狡诈、诡计多端，如曹操、严嵩等。

④ 紫脸：表现老练、肃穆、庄重，如徐延昭。有时也表现丑陋的角色。

图 3-16　京剧脸谱

⑤ 金脸：常常用于表现佛祖和神仙等角色，如《西游记》中的如来佛祖、二郎神等。

⑥ 黄脸：表现果敢、暴躁、骁勇，如典韦。

⑦ 蓝脸：表现性格刚强不羁的角色，如马武、窦尔墩等。

⑧ 银脸：多用于表现神仙鬼怪类角色，如木吒、徐世英等，以及有幻术、法术的妖魔鬼怪形象。

（5）戏曲中的唱、念、做、打　中国戏曲素来讲究唱、念、做、打四种基本功，这也是戏曲鉴赏最重要的四个要素。其中"唱"指演唱，常常包含旋律性比较强的音乐唱段；"念"指念白，与生活中日常说话相比有着明显的音乐意蕴；"做"指配合角色、剧本、剧情和人物性格的舞蹈性肢体语言，如手、眼、身、步、髯口、甩发等多种表现形式；"打"源自中国传统武术，具有鲜明舞蹈美和象征意味的表演形式。总而言之，唱、念、做、打四个方面高度统一，彰显了中国戏曲艺术非凡的表现力！

### 3. 经典剧目的内容解析

以下选取了皮黄腔类戏曲作品——京剧《空城计》，梆子腔类戏曲作品——秦腔《秦香莲》，昆腔类作品——昆曲《牡丹亭》，通过不同的声腔与剧目感受戏曲艺术的博大精深。

（1）京剧《空城计》（图 3-17）

① 京剧简介：中国国粹之一，是中国影响力最大的戏曲剧种，分布地以北京为中心，遍及全国各地。京剧在文学、表演、音乐、舞台美术等各个方面都有一套规范化的艺术表现形式。京剧的唱腔属板式变化体，以二簧（也作"二黄"）、西皮为主要声腔。京剧伴奏分文场和武场两大类，文场以胡琴为主奏乐器，武场以打击乐伴奏为主（鼓板、大锣、铙钹、

小锣）。京剧的角色分为生、旦、净、丑四种，各行当都有一套表演形式，唱、念、做、打的技艺各具特色。

图 3-17 《空城计》剧照

② **剧目赏析**：《空城计》是三国题材的经典剧目，讲述诸葛亮在街亭失守后以空城计智退司马懿大军的故事。该剧通过老生（诸葛亮）与净角（司马懿）的精彩对戏，结合西皮慢板等优美唱腔和写意舞台设计，生动展现了诸葛亮的从容智慧与司马懿的多疑性格。

《空城计》的唱腔以"西皮"和"二黄"为主，这两种腔调是京剧的主要腔调，具有鲜明的民族特色和时代感。其中，"西皮"旋律起伏较大，节奏紧凑，适合表现欢快情绪；而"二黄"旋律较为平稳，节奏舒缓，适合抒发沉郁、悲愤的情感。《空城计》的唱腔设计注重行腔的流畅与韵味。例如，"我正在城楼观山景"这一段通过高腔与低腔的交替使用，展现了诸葛亮潇洒从容的风度，既传递人物心理，又体现京剧艺术的独特韵味。

（2）秦腔《秦香莲》（图 3-18）

图 3-18 《秦香莲》剧照

① **秦腔简介**：别称"梆子腔""陕西梆子"，中国汉族最古老的戏剧之一，起于西周，成熟于秦。古时陕西、甘肃一带属秦国，故称之为"秦腔"。因为早期秦腔演出时，常用枣木梆子敲击伴奏，故又名"梆子腔"。唱腔分两类：一类刚健有力；另一类深沉哀婉。秦腔宽音大嗓，直起直落，分为欢音和苦音，既有浑厚深沉、悲壮高昂、慷慨激越的风格，又有缠绵悱恻、细腻柔和、轻快活泼的特点，凄切委婉，优美动听。秦腔的表演艺术朴实、粗犷、豪放，富有夸张性，以情动人，表演技巧丰富。秦腔成形后，流传至全国各地，因其整套成熟、完整的表演体系，对各地的剧种产生了不同程度的影响，并成为梆子腔剧种的始祖。

② **剧情简介**：秦香莲带儿女上京寻夫，身为当朝驸马的陈世美拒绝相认，派遣韩琦杀妻灭口。韩琦知其原委，放走秦香莲母子之后自刎。秦香莲愤告于包拯，包拯召陈世美前来对质，陈世美强词狡辩，包拯不畏强权，将陈世美绳之以法。

③ **剧目赏析**：全剧充满悲壮激昂的情感基调，唱词语言质朴直白，多用民间口语和方言直抒胸臆，如"骂一声无义贼枉读圣贤"等极具感染力的唱词。句式灵活多变，既有规整的七字句、十字句，也有散板式的长短句结合，生动表现了人物从哀婉哭诉到悲愤控诉的情感层次。伴奏以板胡为主奏乐器，以梆子击节营造紧张氛围，使全剧在慷慨悲歌中展现震撼人心的艺术魅力。相较于其他剧种版本，秦腔《秦香莲》更显苍劲悲凉，尤其擅长通过高亢的唱腔和激烈的表演展现人物内心的挣扎。从秦香莲"手拖儿女泪涟涟"的凄楚到包拯"龙头铡下不容情"的凛然正义，剧作以秦腔程式化的表演，成为极具地方特色和情感张力的戏曲经典。

（3）昆曲《牡丹亭》（图 3-19）

图 3-19 《牡丹亭》剧照

① **昆曲简介**：被称为"活化石"的昆曲，是中国最古老的剧种之一。600 年前，被誉为"百戏之祖，百戏之师"的昆曲应运而生，风靡全国，曾经独霸中国剧坛两百年。它糅合了唱念做打、舞蹈及武术等，以曲词典雅、行腔婉转、表演细腻著称，昆曲的代表作有《牡丹亭》《桃花扇》《长生殿》等。

昆曲行腔优美，以缠绵婉转、柔媚悠远见长。在演唱技巧上注重声音的控制，节奏速度的顿挫疾徐的把握，以及咬字吐音的讲究，场面伴奏乐曲齐全。

昆曲在 2001 年被联合国教科文组织列为"人类口述和非物质遗产代表作"。昆剧作为一个曾经在全国范围内有着巨大影响的剧种，在历尽了艰辛困苦之后，能再次复活，这和它本身超绝的艺术魅力有紧密关系。

② 剧情简介：《牡丹亭》描写了官家千金杜丽娘对梦中书生柳梦梅倾心相爱，不惜以生命为代价，化为魂魄寻找现实中的爱人，人鬼相恋，最后起死回生，终于与柳梦梅永结同心的故事。

③ 剧目赏析：《牡丹亭》的唱词以典雅绮丽、意境深远著称，大量化用诗词典故，语言兼具文学性与音乐性。其唱腔以水磨调为核心技法：南曲的婉转缠绵与北曲的激昂顿挫形成鲜明对比；通过擞音、嚯腔等润饰手法（一字多音可达十余拍），配合"橄榄腔"（由弱渐强再收弱）的气韵处理，使抒情达极致。音乐采用严格的曲牌联套体式（全剧共用二百余支曲牌），笛箫伴奏与唱词平仄四声精密对应。表演上遵守"无声不歌，无动不舞"的美学准则，将诗化的文字转化为视觉语言。这种"词乐舞三位一体"的艺术形式（唱时必带身段、做白必合锣经），通过虚实相生的写意表达，表达了汤显祖"情不知所起，一往而深"的哲学主题。

【美的思辨】

1. 比较歌剧与舞剧，尝试阐释他们的异同。
2. 戏曲与舞剧的不同审美体现在哪些地方？

【向美而行】

请选择一部中国戏曲（传统戏、现代戏均可），亲自学习模唱其中一段经典唱段，感受该剧所属的剧种与声腔特点。

# 第四节　建筑之美

建筑师必定是伟大的雕塑家和画家，如果他不是雕塑家和画家，他只能算个建造者。

——约翰·拉斯金

【美的赏析】

2006 年 10 月，苏州博物馆新馆（图 3-20）竣工开馆，这是一座由世界著名建筑大师贝聿铭亲自设计的博物馆。苏州博物馆是传统与现代、传承与创新的艺术杰作，是苏州这座历史文化名城的一个标志性公共文化建筑。它承载着苏州两千五百余年厚重的历史文明底蕴，沐浴着东方园林水城的灵秀之气，浸润着独具魅力的江南城市氛围，成为中国一座彰显经典文化气质与鲜明地域特征的博物馆。苏州博物馆将传统文化与现代建筑、新技术、新材料进行完美的融合，同时巧妙地借助水面，与紧邻的拙政园和忠王府融会贯通，呈现独特的建筑美。

图 3-20    苏州博物馆新馆

## 【美的视线】

建筑作为一个文明国家和整个社会历史的独特象征,其价值有可能超过纯艺术。因此,人们将建筑誉为"世界的年鉴"和"石头的史书"。建筑美学有别于其他艺术形式,相对于诗情画意来说,梁思成先生早在 20 世纪 30 年代就提出了"建筑意"这一概念。例如,基于"建筑意"设计的人民英雄纪念碑,成为全国人民瞻仰英雄的神圣之地。

## 一、建筑形式美的法则

人们对于建筑的美感,客观上来源于建筑的形式。与其他艺术形式一样,建筑形式美是具有一定客观法则的,这些法则既反映了建筑艺术的美学规律,也深刻影响着人们的审美感知与评价。建筑形式美法则可以归纳为以下几方面:

### 1. 对比和微差

对比在建筑构图中主要体现在不同度量、不同形状、不同方向、不同色彩和不同质感之间。

两个毗邻空间的对比。当由小空间进入大空间时,会因相互对比作用而产生豁然开朗之感,中国古典园林正是利用这种对比关系获得小中见大的效果。不同形状之间的对比和微差是塑造视觉焦点的关键。在建筑构图中,圆球体和奇特的形状比方形、立方体、矩形和长方体等规则形状更具视觉冲击力。

直和曲的对比。直线能给人以刚劲挺拔的感觉,曲线则显示出柔和活泼的感觉。巧妙地运用这两种线形,通过刚柔之间的对比和微差可以使建筑构图富有变化,中国古代建筑屋顶设计就是运用了直线与曲线对比变化。

虚和实的对比。利用孔、洞、窗、廊同坚实的墙垛、柱之间的虚实对比，创造出既统一和谐又富有变化的建筑形象。

色彩、质感的对比和微差。色彩的对比和调和、质感的粗细和纹理变化，对于创造生动的建筑形象起着重要作用。用石墙、木廊柱和瓦屋顶等不同质感材料作建筑构件可形成对比和微差。

### 2. 比例和尺度

协调的比例可以唤起人们的美感体验，如长宽比为 1 : 1.618 的长方形被公认为最为理想的视觉比例，这就是建筑模数系统中的黄金分割原理。对于纪念性建筑，建筑师通过尺度处理，给人以崇高庄严的视觉感受。而对于庭园建筑，则通过尺度处理，营造出一种小巧玲珑、亲切宜人的空间氛围。

### 3. 均衡与稳定

对称本身就是均衡的，由于中轴线两侧必须保持严格的对应关系，所以凡是对称的形式都能够获得统一性。中国古代的宫殿、佛寺、陵墓等建筑，几乎都是通过对称布局把众多的建筑组合成为统一的建筑群。

例如旋转的陀螺、展翅的飞鸟、奔跑的走兽所保持的均衡，都属于动态均衡。在建筑中采用飞鸟的外形或具有运动感的曲线等形式，都是动态均衡在建筑构图中的运用。

稳定则着重考虑建筑上下部分的轻重关系，古典建筑几乎总是遵循着"下大上小、下重上轻、下实上虚"的原则。

### 4. 韵律与节奏

自然界中的许多事物或现象，往往由于有秩序地变化或有规律地重复出现而激起人们的美感，这种美通常称为韵律美。古今中外的建筑，不论是单体建筑或群体建筑，乃至细部装饰，几乎处处都有应用韵律美形成节奏感的案例，因此建筑也被比喻为"凝固的音乐"。表现在建筑中的韵律可分为四种：连续韵律、渐变韵律、起伏韵律、交错韵律。

### 5. 重复与再现

在音乐中，某一主旋律的重复或再现常有助于整个乐曲的和谐统一。在古典建筑中，某些对称形式的建筑平面借对比求变化，而沿中轴线横向排列的空间，则相应地重复出现，同一种形式的空间连续多次或有规律地重复出现，造成一种韵律节奏感。

### 6. 渗透与层次

（1）流动空间　各部分空间互相连通、贯穿、渗透，呈现出极其丰富的层次变化。"流动空间"这一概念，正是对此类空间特性的形象概括。中国古典园林中的借景，就是一种空间的渗透。"借"是把彼处的景物引到此处来，以获得层次丰富的景观效果。"庭院深深深几许"就是描述中国古典庭院所独具的幽深境界。

（2）空间序列    建筑只有在连续行进的过程中，从一个空间到另一个空间，才能逐次看到它的各个部分，最后形成整体印象。观赏建筑不仅涉及空间变化，还涉及时间变化，沿着一定的路线行进，能感受到既和谐一致又富于变化的形式美感。

空间序列有两种类型：呈对称、规整的形式；呈不对称、不规整的形式。前者庄严而肃穆，后者活泼而富有情趣。各种建筑可按功能要求和性格特征选择适宜的空间序列形式。空间序列就是综合运用对比、重复、过渡、衔接、引导一系列处理手法，把单个的、独立的空间组织成一个有秩序、有变化、统一完整的空间集群。完整的空间序列要有放有收，只收不放势必使人感到压抑和沉闷，只放不收则会流于松弛和空旷。

## 二、传统建筑之美

贝聿铭曾经说过："建筑是有生命的，它虽然是凝固的，可在它上面蕴含着人文思想。"

### 1. 皇家建筑之美——以北京故宫为例

中国古建筑中，由皇家出资，按照规制营建的宫殿、坛庙、园林、陵寝、寺庙等建筑，被称为皇家建筑。在建筑的规模、构件的尺度、彩画的使用、屋顶的形式、色彩的运用等方面，皇家建筑和民间建筑有着明显的区别。北京故宫作为中国古代封建礼制意识形态的象征和建筑技艺最高水准的体现，在美学上有其独特的文化韵味。

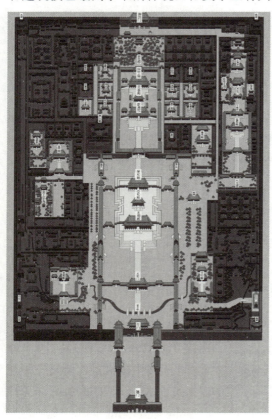

图 3-21    北京故宫平面图

（1）北京故宫建筑群的整体规划之美中国古代建筑讲求天人合一、物我一体、阴阳有序，追求道法自然，"虽由人作，宛自天开""知者乐水，仁者乐山"的意境，并遵循昭穆之制的方位观和明确的社会等级。

北京故宫（图 3-21）根据帝王"身居九重"的体制所建，形成坐北朝南、层层递进、绝对对称的中轴线规划布局。按照前朝后寝的规划，北京故宫将政务和居住两大功能建筑群体纳入轴线范围，从而形成空间序列的美感。北京故宫轴线的前半部分是"外朝"，以永定门为起点，延伸至钟鼓楼，构成一条长达八公里的南北轴线。在这里，只有经过一道道起伏的城门，才能到达秩序的核心——三大殿（太和殿、中和殿、保和殿）。

轴线的后半部分是"内廷"，也通过轴线串联起来。这个部分更加复杂，不仅有重重宫门，还有众多嫔妃、皇子居住的宫殿建筑群，包括后三宫、东西六宫以及乾西五所。轴线在这里再一次承担起秩序的作用，循环反复运用不同等级的轴线组织。同时，前后起伏对称的形体或空间的分配仍以中轴线为依据。

　　为了表现出帝王的威严和神圣，故宫建筑有着近乎苛刻的等级划分，整个建筑群营造出了宏大壮观的气势。在中轴线上，用连续、对称的封闭空间与逐步展开的建筑序列，衬托出三大殿的庄严、崇高与宏伟。在建筑的整体中突出重点——太和殿。故宫的建筑群由南向北延伸，随着空间和形体的变化，在太和殿达到高潮。在总体布局上，采用了"欲扬先抑"的艺术手法，从正阳门到太和殿的狭长空间与太和殿前广阔的空间形成强烈的对比。通过突出轴线中心，强化了太和殿的宏伟气势，只有这样高大、沉稳的形象才符合皇权的威严，也明确了三大殿的地位。

　　（2）北京故宫建筑中单体的形式之美　北京故宫不但在整体布局上有宏观的规划理念，在单体建筑的处理上也极为精妙。北京故宫单体的美学特点表现为建筑的上半部分华美绚丽，下半部分简单质朴，单体建筑主要体现于屋顶和斗拱上。墙体平整无饰，屋檐尤其是斗拱装饰最为繁复妍丽，用黄琉璃瓦呈放射状铺陈。北京故宫单体建筑在构造上、形式组合上都堪称巧夺天工。

　　中国木结构建筑所特有的结构元素是斗拱（图3-22），它由水平放置的斗、升和矩形的拱以及斜置的昂组成。斗拱通过力学原理解决了大面积挑空屋顶的受力问题。它既起到传递荷载的作用，也使建筑物出檐更加深远，造型更加优美、壮观。其凹凸扣合的契合状态，与中国传统的"阴阳"哲学和"中和"美学观念不谋而合。斗拱在北京故宫单体中的应用广泛，其结构复杂、形态多样，有着匠心之作的细腻之美。杜牧曾在《阿房宫赋》中用"各抱地势，钩心斗角"描述了斗拱结构的实用和形式之美。

图3-22　斗拱

　　屋顶是东方传统建筑中最富有艺术魅力的组成部分，被誉为"建筑的冠冕"。中国传统建筑的屋顶形式多样，有庑殿、歇山、攒尖、悬山、硬山等。北京故宫建筑中，午门、太和殿、乾清宫等重要建筑物采用重檐庑殿顶；保和殿为重檐歇山顶；中和殿、交泰殿为四角攒尖顶；其余殿宇的屋顶构件数量随等级不同而有所区别。屋檐的起翘和升起构成优美的曲线，有向上的动势，加之以灿烂夺目的琉璃瓦，使得故宫建筑有着强烈的视觉效果和艺术感染力。从下方仰视屋顶，可以感受到细节的构造之美；从高空俯视，屋顶的全貌一览无余，把建筑的"第五立面"展示得极尽美丽（图3-23）。

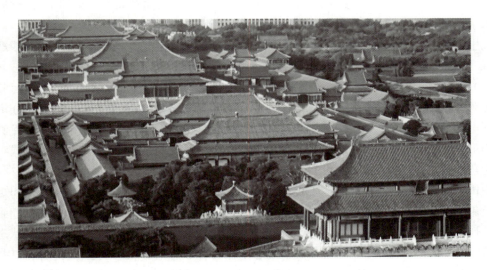

图 3-23　北京故宫中各式各样的屋顶

（3）故宫的色彩构成之美　红墙黄瓦、朱门金钉是北京故宫的突出符号，绚丽的色彩构成了北京故宫的独特美感。

根据封建社会的礼制，黄色是皇家特有的色彩，因此北京故宫主要宫殿建筑的屋顶上都铺设着黄色琉璃瓦。三大殿、东西六宫等以金碧辉煌的耀目色彩形成一种气势恢宏而肃穆庄严的氛围。由天安门、午门进入宫城，在碧蓝色的天空下是成片闪闪发亮的金黄色琉璃瓦屋顶，屋檐下是青绿色调的彩画装饰，屋檐以下是成排的红色立柱和门窗，整座宫殿坐落在白色的石料台基之上，台下是深灰色的铺砖地面。蓝天与金黄色的屋顶、青绿色的彩画、红色的立柱和门窗、白色的石料台基和深灰色的地面形成了强烈的对比，给人以鲜明的色彩美感。

北京故宫当中还运用了色彩互补的原理，以调节视觉平衡。例如，在红墙与黄瓦之间采用了绿色的冰盘檐。红、黄均为暖色调，寓意帝王身份的威严。通过冷色调绿色来进行过渡，使得红、黄两种色调的衔接不再显得生硬。同时，隔扇和槛窗的棱线饰以金线，实现了红色与黄色的协调过渡，使建筑仿佛被一层流光溢彩所笼罩，更加彰显出北京故宫的宏大壮丽之美。

北京故宫的建筑形式丰富绚丽，其文化内涵和美学意蕴展示了这座皇家建筑群的极大魅力。故宫通过严谨缜密的整体规划布局、单体建筑精巧的构造细节、巧妙的形式组合，以及蕴含哲学的色彩搭配，向人们展示了它的宏大、精巧、壮丽之美。

### 2. 民居建筑之美——以徽派建筑为例

中国地大物博、疆域辽阔，各地的自然和人文环境具有显著的地方特点，中国民居也因此而呈现不同的风格。中国民居讲究天人合一，从选址、布局、设计、陈设及技术都主张人与自然相辅相成、和谐统一。既结合自然、气候，又考虑人的实际需求，因地制宜，因材致用，生动地反映了人与自然和谐共处的方式，形成了不同地理环境与民族文化特性的民居建筑形式，体现出了气候适应性、地形共生性、材料地方性、民族文化性的特征。

中国传统民居中，最有特点的是北京四合院、徽派民居、江西总门里、广东镬耳屋、西北黄土高原的窑洞、绍兴的台门、闽南古厝及番仔楼，还有客家土楼、湘西吊脚楼、云南傣家竹楼等建筑。黄土高原上的窑洞，浓缩了黄土地的别样风情；华北平原的四合院，外观质朴，里面却自成天地，既有四季轮回的雅致风景，又有四世同堂的其乐融融；客家人居住的土楼，建造在山间盆地之中，内部房间布局整齐划一，没有明显的等级划分。

徽派建筑集山川之灵气，融民俗文化之精华，依山就势，构思精巧，雕镂精湛。色彩上虽然只有单调的黑、白两色，却与江南的山水田野融为一体，如诗如画，精妙绝伦，具有很高的审美艺术价值。"青砖黛瓦马头墙"是徽派建筑给大家的深刻印象。徽派民居、祠堂和牌坊被誉为"徽州古建三绝"，是江南古建筑的典型代表。徽州独特的人文环境使徽派建筑无论村落规划，还是建筑空间布局、雕刻装饰都具有鲜明的地方特色和极高的人文艺术价值。

"一生痴绝处，无梦到徽州"，这是明代戏剧家汤显祖留下的千古绝唱，意思是一辈子想去人间仙境，可做梦也没梦到人间仙境原来在徽州。也就是说，徽州之美是人想象不到的。徽州古建筑风格独特、布局合理、装饰精致、变化自然，具有乡土气息。加之徽州盛产木材，民间一直有雕刻、绘画传统，砖雕、木雕、石雕别具一格，因而形成颇具地方特色的建筑，成为中国建筑艺术的一大派系——徽派建筑。

（1）徽派建筑的独到之处

① 和谐流畅、统一规划的整体美。徽州是封建宗法制度的理论基础——程朱理学的发祥地，宗法制度较他处更为森严而完备。为了保持宗族凝聚力，防范外族入侵，古徽州人聚族而居。官商士民认为，村镇的群体布局所形成的地形轮廓的寓意内涵反映了宗族的"文化"素质，关系宗族的荣辱兴衰。因此，宗族建筑物统一规划成为必然选择。

徽派建筑的群体布局，其美学效果绝妙无比。徽州的大部分古村落是齐整的黑瓦白墙与飞檐翘角的屋宇随山势起伏，高低错落，层叠有序，蔚为壮观，如图3-24所示。黟县"牛形村"宏村堪称典型，站在村边山坡上俯瞰全村，各种各样的建筑规划严整、排序井然，让驻足其间的游人耳目一新、肃然起敬。

图 3-24　徽派民居

② 依山傍水、翠微缭绕的自然美。徽州人文化修养深厚，构思村镇蓝图时善于抓住山水作文章。山峦是溪水的骨架，溪水是村落的血脉，建筑则如同依附于血脉之上的"细胞"。徽州地处丘陵，万山丛立，山就必然成了村落选址的主要构成要素。同时，对水的需求和防范是村落选址的另一重要标准。把村址和宅基选择在相对稍高的台地、缓坡之上，随坡就势，因势利导，这样既视野开阔，又满足居住者的生态需求。徽派建筑力求人工建筑和自然景观和谐共生，保持人与自然的天然和谐。在这种建筑思想的指导下，徽州"桃花源里人家"式的村镇随处可见。

③ 清雅简淡、因陋就简的朴素美。长期以来，徽州因地势原因，"力耕所出，不足以供"，民生维艰。生活在这种艰苦环境中的徽州人深知养家创业之艰辛，养成了节衣缩食、勤俭持家的良好习惯，且写进族规家训，代代相传。建筑在坚固实用、美观大方的基础上寻求朴素、自然、清雅、简淡，因此，徽州少有富丽堂皇的豪宅华堂。以当地丰富的黏土、石灰、黟县青石、水杉为主要材料建筑的徽派民居构思精巧、造型别致、结实美观。远远望去，清一色的黑瓦白墙，对比鲜明，加上色彩斑驳的青石门（窗）罩和清秀简练的水墨画点缀其间，愈发显得古朴典雅、韵味无穷，这种清淡朴素之风展现无遗。

（2）徽派建筑美感构成要素

① 粉墙黛瓦。粉墙黛瓦是徽派民居最鲜明的特色，辨识度极高。"黑白"象征中国传统文化中的阴阳，应用于徽派建筑上，使徽派建筑质朴高雅。徽州民居的色彩意蕴之美的形成与其所处的空间自然环境、建筑所用材料息息相关。徽州古民居外墙采用"灌斗墙"结构，是用窑烧的大号"开砖"砌成空心状，称为"斗"，斗内用碎砖土填实。这种墙体不仅保温隔热，还有一定的防潮功能。经过数百年的风雨洗礼，建筑外墙上的石灰层会逐渐斑驳脱落，露出青砖的原色，与白墙黛瓦、青山绿水交相辉映，宛如一幅幽远雅致的黑白水墨画，如图 3-25 所示。

图 3-25　徽派建筑的黑瓦白墙

② 马头墙。马头墙又称风火墙、封火墙、防火墙等，特指高于两山墙屋面的墙垣，也就是山墙的墙顶部分，因形状酷似马头，故称"马头墙"。马头墙高低错落，一般为两叠式或三叠式。较大的民居，因有前后厅，马头墙的叠数可多至五叠，形成一种壮观的"五岳朝天"景象，如图 3-26 所示。

马头墙的"马头"通常有"金印式"和"朝笏式"，显示出主人对"读书做官"这一理想的追求。从低处仰望，聚族而居的村落中，高低起伏的马头墙给人视觉上产生一种万马奔腾之势，寓意着整个宗族生机勃勃、兴旺发达。错落有致的马头墙不仅有造型之美，更重要的是它有防火、阻断火灾蔓延的实用功能。

③ 飞檐翘角。檐部上的这种特殊处理和创造，不但扩大了采光面还有利于排水，雨天檐水会沿着抛物线轨迹而流出，确保了檐下的木构件免受潮湿侵蚀。这样的形态增添了建筑

物向上的动感，仿佛有一股无形的力量将屋檐向上托举。建筑群中层层叠叠的飞檐营造出壮观的气势和中国古建筑特有的灵动轻快的韵味，如图 3-27 所示。

图 3-26 "五岳朝天"

图 3-27 飞檐翘角

　　④ 门楼。徽州建筑大门均配有门楼（规模稍小一些的称为门罩），主要作用是防止雨水顺墙而下溅到门上。门楼是住宅的"脸面"，体现主人地位的标志。一般农家的门罩较为简单，在离门框上部少许的位置用水磨砖砌出向外挑的檐脚，顶上覆瓦，并刻一些简单的装饰。富家门楼十分讲究，多有砖雕或石雕装潢。如图 3-28 所示。

　　⑤ 徽派三雕。徽派三雕是以砖雕、木雕和石雕为代表的传统雕刻工艺，以其精湛的技艺、流畅的线条和深远的意蕴而享誉海内外，其中以木雕工艺尤甚。徽派木雕保留了天然木纹之美，与徽州粉墙黛瓦建筑如出一辙。徽派木雕是根据雕刻物件的形式和功能需要，灵活运用浮雕、平雕、圆雕、线雕、透雕、镂雕等手法，刀工洗练刚劲、线条流畅、饱满立体、一气呵成。徽派木雕作品

图 3-28 徽州门楼

讲究图像布局的章法，内容充实、层次分明，巧妙利用雕刻的深浅与天井采光交融产生的光影效果，使整体更加灵动立体。

　　宏村承志堂以三雕的精湛工艺被誉为"民间故宫"。承志堂前厅横梁上雕有一幅《唐肃宗宴官图》（图 3-29），镂空雕刻空间达七层之多。在如此精密的雕刻空间中，工匠娴熟地驾驭工艺与形式的关系，采用散点透视全景结构，在狭长的梁体空间内将三十五个人物分作六个单元并列处理。中间四组人物分别是琴、棋、书、画的场景，左右两侧出现掏耳朵和烧白开水的日常生活场景。画面以人物为主，辅以建筑、家具、植物、器皿、动物等视觉元

素，官员形象是塑造的主体。各组人物之间的主次关系、穿插关系、前后关系恰到好处，他们或立或坐，或蹲或俯，姿态各异，三五成群，彼此呼应。该作品趣味盎然，以此起彼伏的动态感、节奏感营造出生动的视觉效果。

图 3-29  木雕《唐肃宗宴官图》

徽派建筑是中国传统建筑的重要流派，是徽文化的重要组成部分。古徽州建筑风格的形成受到独特的地理环境和人文观念的影响，具有鲜明的区域特色。徽派建筑艺术是一种可以从雕刻、绘画、空间、宗法等多种角度来理解的美学模式，体现了古徽州人民文化修养、精神理念与审美情趣。

### 三、新中式建筑之美

新中式建筑是中式建筑元素和现代建筑手法的结合运用而产生的一种建筑形式。该建筑形式在沿袭中国传统建筑精粹的同时，更加注重对现代生活价值的精雕细刻，有效地融合了现代建筑与设计元素，改变了传统建筑使用功能的同时，增强了建筑的识别性和个性。新中式建筑的设计中融入了西式生活流线的理念，因此更适合现代国人的居住习惯和心理需求，也让更多的人感受到用现代精神诠释的文化回归，正焕发着新的文化自信。

#### 1. 空间布局

新中式建筑的空间布局大致可以分为两种：集中式布局和分散式布局。

（1）集中式布局　集中式布局一般强调中轴对称，常见布局形式有方形、圆形、U 形和一字形等。这类建筑的空间格局一般取意中国古典文化，如九宫格、中国结和汉字等，有时候也会借鉴某种传统建筑的形式或古代城市格局。

作为 2014 年 APEC 峰会主会场的北京雁栖湖国际会议中心（图 3-30），由北京市建筑设计研究院刘方磊团队主持设计，建筑的理念是"汉唐飞扬，鸿雁展翼"。建筑整体布局采用中轴对称形式，主从有序，借鉴了中国传统的九宫格和故宫五凤楼的格局，属于典型的集中式构图。建筑的造型汲取了中国汉唐时期建筑风格的精髓，并结合当代审美需求表达传统的建筑意境，强调"中而新"的设计原则。为此，建筑师突破中国传统的大屋顶形式，而是融入中国传统的折纸艺术，并在建筑的转角处借鉴了传统建筑中的飞檐。经过抽象和提炼之后，建筑形象表达了汉唐时期"出檐深远、斗拱硕大"的传统意象，显得雄伟壮丽。屋顶形态犹如鸿雁展开双翼欢迎四方来客，彰显了大国风范。

图 3-30　北京雁栖湖国际会议中心屋顶形态

（2）分散式布局　中国传统建筑是以建筑群落的组织见长，这种"宜散不宜聚"的空间布局思路影响着当代新中式建筑的发展。分散式布局是新中式建筑中最为常见的方式，一般分为三类。

第一类分散式布局讲求秩序和空间轴线的控制，其设计通常借鉴中国传统宫殿建筑群或寺庙建筑的布局，这类分散式布局一般是通过多重庭院将复杂的建筑体量组合在一起。北京市建筑设计研究院建筑师金卫钧设计的明斯克北京饭店就是这类布局的代表，建筑整体布局呈风车状，通过东西和南北两条轴线控制建筑的整体形态，体量之间通过布置院落空间和水景相联系，塑造富有秩序感的空间布局。

第二类是比较自由的，一般借鉴中国古典园林和传统聚落的空间形态。这类布局一般是将建筑的体量打散，结合各种大小不一的庭院空间，呈现聚落形态或古典园林的布局。贝聿铭设计的苏州博物馆新馆，借鉴了中国古典园林的布局模式，将建筑的体量打散，疏密有致的建筑群落不仅与周围古建筑的尺度相协调，也为历史街区注入了新的活力。该博物馆的庭院设计主要以水面为主，并没有采用中国古典园林传统的造景手法，而是采用了极简主义和几何构成手法来表达传统园林的意境。

第三类是介于前两者之间，这种布局既有宫殿建筑群的秩序感和空间轴线，又有古典园林空间的自由与洒脱。十院书屋是借鉴传统江南园林布局和"宅院"关系的典型案例。建筑师将体量打散、化整为零，以院落为单元组织空间，加上园林化的路径设计和造景手法的运用，让身处其间的人们感受到传统园林的韵味。建筑师在规整的格局中营造了园林化的空间，通过两者的对比，凸显了秩序与自由并存的空间格局，营造丰富的空间体验。

### 2. 建筑形式

（1）立面造型　新中式建筑继承了中国传统哲学中"虚实相生"的观念，在建筑立面上强调虚实关系。立面的"实"是指墙体、屋面、台基等封闭厚实的部分，立面上的"虚"是指玻璃、门窗洞口和外廊等虚空的部分。中国传统建筑中十分注重对"虚"的处理，讲求窗户和洞口的对景和借景。通过对景和借景，建筑空间与外部环境发生了视觉联系，这是空间渗透的一种方式。"窗含西岭千秋雪，门泊东吴万里船""尺幅窗，无心画"，都是强调以合适的窗户纳外部之景。新中式建筑在立面虚实处理主要体现在墙体、窗户和界面过渡三个方面。

第一，墙体是新中式建筑用来表达立面的"实"，常见的手法是在墙体上开设小尺度的孔洞和横向或竖向的窄缝。这种以"实"为主的立面处理不仅围合了庭院空间，而且对私密性进行保护。有时候为了消解这种墙体带来的沉闷和压抑，一般会选择在墙体前种植竹子。

除了表达立面的虚实关系之外，新中式建筑常常将墙体作为立面造型元素，并出现了一些新的趋势。比如双重墙体的设计，既表达了徽派建筑墙体"外实内虚"的特点，又可以不受内部功能限制而采用更加灵活的开窗形式；墙体本身材质的变化可以产生丰富的立面效果，形成独特的造型并塑造生动的光影关系；墙体采用新的建构方式，如错缝砌筑，可以营造特殊的空间意境。

第二，新中式建筑一般通过窗户来表现立面的"虚"，和墙体一起作为建筑外立面的造型元素，常见的形式是点状窗、长条窗和玻璃幕墙。其中长条窗寓意画卷或画轴，强调与中国传统诗画的关系。比如从室内透过横向的长条窗看庭院，季节交替，风花雪月，宛如山水画卷，增加了空间的层次感，有种"庭院深深深几许"的意境。另外，玻璃幕墙也是最适宜用来表达"虚"的开窗形式，通过在立面合适的位置设置大片的玻璃幕墙，使得室内外空间相互渗透融为一体，具有层次感。南通珠算博物馆采用了浅灰的屋顶，白色的墙体和深青色的墙基。建筑师恰到好处地采用了大面积的玻璃幕墙，倒映出了天光云影，使得建筑素雅的黑白灰色调之间多了一层渐变式的过渡，将中国传统水墨画的高雅意境表达得淋漓尽致。还有，带有传统符号的开窗形式很直观地表达了传统的韵味，与现代建筑立面相结合，能产生传统与现代的碰撞。东园雅集通过大面积运用花格窗，在视觉上营造了一种传统的氛围，尤其当人身处建筑内部，透过花窗纹理窥探室外庭院的景色时，产生一种朦胧的传统意境。

（2）屋顶空间　近年来，新中式建筑在屋顶空间的处理上逐渐摆脱了传统大屋顶的束缚，以更加灵活的方式塑造屋顶形式，其发展和创新主要体现在以下几个方面。

第一，新中式建筑更加注重对屋顶形态的抽象。中国传统屋顶的轮廓线变化是极为优美丰富的，它不仅反映在整体上各种形式的屋顶产生柔和曲线，而且在细部处理上也极富变化。新中式建筑在传统屋顶的基础上简化了复杂的细节，以更加写意的方式塑造具有传统意象的屋顶形态。浙江美术馆（图3-31）的屋顶形式是对中国歇山顶的抽象，传统的屋面曲线被干净利落的折线所代替，相应的曲面也被分解成几个折面，歇山顶侧面的山花和"抱厦"等都以玻璃面的转折起伏表现出来。

第二，新中式建筑一直将屋顶作为立面造型的重点，当代新中式建筑的屋顶出现了穿插的趋势，不仅是屋顶自身的穿插，还有屋顶与墙身之间的穿插。中国传统建筑的三段式是台基、墙身和屋顶，三者的关系是相对独立的。程泰宁设计的浙江美术馆对中国传统屋顶的组合方式进行了革新，将屋顶空间与墙身进行了大胆的穿插处理，整个建筑充满了雕塑感。建筑师以大片白色墙面为底，以黑色屋顶为画笔，建筑屋顶和墙身的线条张扬洒脱而又不失法度，极富传统水墨画和书法的审美韵味。

第三，新中式建筑借鉴了现代主义建筑的手法，采用了几何构图对中国传统的大屋顶进行抽象。建筑师崔愷设计的中国驻南非大使馆采用了三角形的几何屋顶，屋架在山墙收口做了切削形成了四坡顶，但是却保留了三角形的结构杆件。这种暴露梁架的手法是为了表现传统木构之美，构成了具有古典韵味的现代建筑体系，同时这样的处理使得建筑结构和装饰一体化。

第四，新中式建筑打破了中国传统建筑屋顶的厚实感，这不仅有利于建筑采光，也在造型上更加丰富，形成了屋顶空间的虚实对比。建筑师何静堂设计的三亚海棠湾9号酒店（图3-32）是对中国传统的歇山屋顶的借鉴，是通过不同的材质对传统轮廓的写意勾勒。屋顶的上部采用钢结构和 Low-E 玻璃（低辐射玻璃）以及遮阳百叶，下部采用浅灰色的陶瓦坡屋顶。这种材质和虚实的对比重新诠释了传统歇山屋顶，赋予其现代感。

图 3-31    浙江美术馆                    图 3-32    三亚海棠湾 9 号酒店

### 3. 建筑色彩

新中式建筑在色彩运用上主要借鉴传统民居，其中"中国红"比较常见并受到建筑师的青睐。

南方民居主要以徽派建筑和江苏民居为主，色调朴素淡雅，典型的粉墙黛瓦建筑形象和黑白灰的水墨意境。黄山轩辕酒店（图 3-33）是借鉴传统徽派民居色彩的典范，其运用了徽派建筑经典的粉墙黛瓦色系，采用深灰色的金属屋面隐喻黛瓦，外墙则用白色涂料，并对外墙进行了横向的划分。同时，建筑师在高低错落的白墙顶部使用深灰色的金属勒边，从而演绎了马头墙的传统意象。

中国传统建筑中，官式建筑的色彩比较鲜艳强烈，黄色、绿色和红色的色彩体系运用较为普遍。新中式建筑中，"中国红"一直受到建筑师的青睐。何静堂院士设计的上海世博会中国馆（图 3-34）的色彩采用了中国传统文化的"中国红"，建筑师以有微差的多种红色构成"中国红"，以"和而不同"的理念表达"中国红"。中国馆颜色最终由 4 种红色构成，通过由上到下、由深到浅的渐变方式，增加整体色调的层次感和空间感。

### 4. 建筑材料

新中式建筑在材料的运用上注重保留传统材料与传统技术的革新。王澍设计的浙江宁波博物馆（图 3-35）借鉴了宁波地区民间传统"瓦爿墙"的做法，将旧的砖块与瓦片保留下来，并和混凝土巧妙结合起来。这种处理手法赋予了传统材料新生命，使建筑本身充满历史厚重感和沧桑感，唤起人们对历史的记忆。传统材料所展现的不仅是肌理的变化，更是一个时代的印记，一种美学文化的传承。

图 3-33　黄山轩辕酒店

图 3-34　上海世博会中国馆

　　绩溪博物馆（图 3-36）在材料的运用上，既有传统材料的创新表达，也有现代材料的传统建构。建筑师巧妙地设置了"瓦窗"和"瓦墙"等景观元素，将传统的屋面材料运用到墙体上。建筑师采用波纹状白色涂料的"水墙"来表达徽派建筑中的"粉墙"意象，这一道道"水墙"与池中的水一起映衬着"屋山"和片石"假山"，形成了新颖的视觉效果，给人一种"既古亦新"的感受。

图 3-35　宁波博物馆

图 3-36　绩溪博物馆

【美的思辨】

　　1. 建筑美的法则有哪些？
　　2. 北京故宫在美学上有哪些特点？
　　3. 徽派建筑的独到之美有哪些？形成原因是什么？
　　4. 新中式建筑之美体现在哪些方面？

【美的拓展】

### 古典园林之美

　　中国古典园林是我国传统文化宝库中的一朵奇葩，它是融建筑、园林、景观等为一体的综合艺术品。中国古典园林以自然山水为主题，以花木、水石、建筑等为物质手段，将人工美与自然美融为一体，形成巧夺天工的景观效果。

### 1. 皇家园林之美

皇家园林的主要特点是具有皇权至上的规划思想，其规模之大非私家园林可比拟，并且由于财力雄厚，往往是雕梁画栋、金碧辉煌、雍容华贵，具有浓郁的宫廷色彩。

隋唐时期，它趋于华丽精致，并注重建筑美和自然美的统一。洛阳的"西苑"和骊山的"华清宫"为此时期的代表作。

宋代，皇家园林的建置规模远逊于唐代，但是艺术和精密程度则有过之。在宋徽宗时期皇家园林的发展出现了一个高潮——艮岳的建造，它以大型人工假山为主体，仿创了中华大地山川之美，成为写意山水的经典之作，这时假山的用材和施工技术均达到了很高的水平。

清代，皇家园林的建设趋于成熟。颐和园是保存最完整的皇家园林，其规模宏大，建筑堂皇壮丽，以佛香阁为核心，突出表现了"普天之下，莫非王土"的皇家意志，园内山水秀美，充满诗情画意，是中国园林艺术的典范之作。

### 2. 私家园林之美

中国私家园林脱胎于古代皇家园林，之后从士流园林逐渐过渡到文人园林，最后形成了众多园林风格。

私家园林的特点是规模比较小。造园家的主要构思是"小中见大"，即在有限的空间内运用含蓄、扬抑、曲折、暗示等手法，巧妙地组成有虚有实、步移景异的园景，营造深邃意境，扩大人们对于实际空间的感受。它善于把有限的空间巧妙地组合成千变万化的园林景色，利用咫尺山林，再现大自然的美景。常用假山假水、小巧玲珑的建筑和淡雅素净的色彩，使整个园林显得秀丽、雅致、幽静。

拙政园是江南古典园林的代表作品，与北京颐和园、承德避暑山庄、苏州留园一起被誉为中国四大名园。

### 3. 中国古典园林建筑的审美特点

中国古典园林，将山水地形、花草树木、庭院、廊桥及楹联匾额等精巧布设，赋予园林以独特的韵味。

中国古典园林具有三个审美特点：

（1）自然的概括　自然的概括是中国古典园林最主要的特点。古典园林中的假山既注重地势的营造，又进行抽象化的摹写，在很小的地段上展现咫尺山林、千岩万壑的气势。园林内的各种水体是自然界中湖泉溪涧等的艺术概括，表现自然水景的意蕴。明代画家文震亨曾说："园林水石，最不可无。一峰则太华千寻，一勺则江湖万里。"

（2）建筑的融合　中国古典园林的建筑力求与山、水、花木三个造园要素有机地融合在一起，从而达到"天人和谐"的境界。比如，亭具有点景的作用和观景的功能；廊本来是划分空间的手段，同时又具有游赏功能。总之，虽然处处有建筑，却处处洋溢着大自然的盎然生机，体现了道家对大自然"为而不恃，长而不宰"的态度。

（3）诗画的意趣　中国古典园林融诗画艺术于一体，使得园林从总体到局部都包含着浓郁的诗画情趣。园林建筑中不仅有景名、匾额、楹联等文学手段对园景做直接的点题，而且在园林设计与建造时把山水画的意境引入，一方面通过分景、借景等手法创造景外之景；另一方面利用光影等虚景创造象外之象。

　　中国古典园林充满中国文化的底蕴，它不仅仅是感官层面的休憩场所，更包含了心灵深处的审美理念。

## 【向美而行】

　　学习了本章艺术之美的内容之后，可以组织一次参观美术馆、古建筑或者到大剧院观听戏曲的活动，深刻体会艺术之美带来的熏陶。

3-1　建筑美学

# 第四章

# 辞章文字的美学

【学习目标】

● 知识目标：了解诗词歌赋的发展历程、汉字的历史变迁，以及不同时代辞章文字的发展特点，领悟辞章文字历史的源远流长和其博大精深的内涵。
● 能力目标：能够赏析各个时代文学及书法名家的代表作品。

【素质目标】

通过体会文学、书法之美，提高文化审美素养，增强文化自信。

辞章文字之美是传承中华文明精粹、涵养人文美学的重要载体。从诗词歌赋的千年流变到汉字形义的演进脉络，不同时代的语言艺术凝结着独特的审美范式与精神气象。这种跨越时空的文本对话，不仅能提升语言审美境界，更是筑牢文化根基、增强民族认同的精神纽带。

## 第一节　诗词歌赋

古典诗词凝聚着中华文化独一无二的理念、智取、气度、神韵，是我们民族的血脉，是全体中华儿女的精神家园。

——叶嘉莹

【美的赏析】

中央电视台播出的《中国诗词大会》受到广大观众的欢迎。自 2016 年首播以来，秉承"赏中华诗词、寻文化基因、品生活之美"的宗旨，力求通过对诗词知识的比拼及赏析，带动全民重温古诗词，分享诗词之美、感受诗词之趣。从古人的智慧和情怀中涵养心灵，为广大观众搭建了弘扬传统文化、鉴赏辞章之美、增强文化自信的完美平台。《中国诗词大会》深受观众喜爱的原因在于，它成功地挖掘和展示了我国诗词歌赋深厚的历史底蕴和文化积淀，给人们带来无限想象和美好感受。

## 【美的视线】

诗词歌赋作为中华优秀传统文化的重要组成部分，讲究严格的平仄、押韵和对偶，体现出了形式美和语言美。同时，诗词歌赋的内容包括对自然风光的描述、对个人情感的抒发，营造出一种超越现实的意境，给阅读品鉴的人带来美的享受。

## 一、诗词歌赋概述

诗词歌赋是我国古代传统文学的四大体裁，诗、词、歌、赋在不同的时代逐渐发展起来，它们形式不同、各具特点，但相互影响。

### 1. 诗的特点和种类

诗的主要特点是用高度凝练的语言表达丰富的感情和反映社会生活，其表现为具有一定的节奏和韵律。诗按照每句的字数可以分为四言诗、五言诗、七言诗、杂言诗等；按照时间可以分为古体诗和近体诗。

古体诗也称古诗，如《诗经》，一般为四言诗，不受格律和句数限制，是产生较早的诗。诗有"六义"，即风、雅、颂、赋、比、兴，其中"风、雅、颂"是春秋时代孔子对《诗经》内容的篇目分类。"风"即国风，是来自各诸侯国的诗歌，也称为十五国风；"雅"即所谓正声雅乐，多为贵族祭祀的诗歌，雅又分为"小雅"和"大雅"；"颂"是用来赞美祖先，包括"周颂""鲁颂""商颂"三类。"赋、比、兴"是表达和修辞手法，"赋"是直接叙事或抒情；"比"是比喻的手法；"兴"也称为兴起，是指在表达正式内容之前，引用一个事物加以暗示。

近体诗起源于南朝时期，讲究对仗和格律，多数为五言和七言的形式，在唐宋达到鼎盛时期。近体诗按照诗句数划分，主要分为绝句和律诗，绝句为四句，律诗为八句。因此常见的有五言绝句、五言律诗、七言绝句、七言律诗。例如，李白的《望庐山瀑布》是七言绝句，《静夜思》是五言绝句；杜甫的《登高》是七言律诗，《春望》则为五言律诗。

### 2. 词的特点和种类

词属于古代诗歌，最初是作为配合乐曲而填写的歌诗，也被称为曲子词、长短句、诗余等。词根据其调的不同而配合不同的词牌，各种词牌的字数、句子数和声调都有不同的规定。常见的词牌名有水调歌头、卜算子、沁园春、忆江南、永遇乐等几十种，如唐代白居易的《忆江南》："江南好，风景旧曾谙。日出江花红胜火，春来江水绿如蓝。能不忆江南？"

词按照字数可分为小令、中调和长调，小令在 59 字以下，中调为 59 字到 90 字，91 字以上为长调。如宋代苏轼的《水调歌头·明月几时有》全词 110 余字，按照字数分类属于长调。

词按照内容风格分类，可分为婉约派和豪放派。婉约派的特点是内容婉转含蓄，内容多侧重景色描绘、儿女情长，取材范围较窄，语言圆润，音律委婉，其代表人物有李煜、柳永、李清照等。如宋代李清照的《如梦令·常记溪亭日暮》："常记溪亭日暮，沉醉不知归路。兴尽晚回舟，误入藕花深处。争渡，争渡，惊起一滩鸥鹭。"即属婉约派的典型作品。豪放派的特点是气魄宏大、崇尚直率，其内容非常丰富，不仅包含日常生活，更是将家国情怀作为重要内容，其代表人物有苏轼、辛弃疾、岳飞等。如宋代辛弃疾的《破阵子·为陈同甫赋壮词以寄之》："醉里挑灯看剑，梦回吹角连营。八百里分麾下炙，五十弦翻塞外声，沙场秋点兵。马作的卢飞快，弓如霹雳弦惊。了却君王天下事，赢得生前身后名。可怜白发生！"岳飞的《满江红·写怀》等，均属豪放派词的代表作品。

### 3. 歌的特点和种类

歌一般指元曲或古代的民族唱法，是元代盛行的戏曲艺术，包含散曲和杂剧两种基本形式。

散曲包括小令和套数两种形式，一首曲子称为小令，由几首曲子组成的称为套数。如元代张养浩的《山坡羊·潼关怀古》："峰峦如聚，波涛如怒，山河表里潼关路。望西都，意踌躇。伤心秦汉经行处，宫阙万间都做了土。兴，百姓苦；亡，百姓苦。"即属元曲中经典的小令。如"我是个蒸不烂、煮不熟、捶不匾、炒不爆、响珰珰一粒铜豌豆。"出自元代关汉卿的《一枝花·不伏老》，整篇曲目就是套数的文学表达形式。杂剧就是把音乐、舞蹈和对白结合起来的艺术形式，如元代关汉卿的《窦娥冤》就是经典的杂剧代表作。

元曲在我国历史上的文学地位与唐诗、宋词同等重要。通常我们将"诗歌"并称，实际上"诗"与"歌"有着明显的区别。诗主要表达作者的内心，将情感体验转化为文字，在当时传播的范围有限，读者数量不多。而歌将诗句转化为能够歌唱和传播的曲子，传唱的人数较多。歌与诗的根本区别在于其是否有配乐。曲的形式和词接近，都是配乐唱出来的。但词与曲又有区别，一般词的语言比较严肃优雅，而曲的语言较为通俗和口语化，适合在演出时吸引观众。词的字数根据词牌的不同有严格的规定，而曲的字数和分句位置变化较为灵活，为了表演的需要可以加衬字。

### 4. 赋的特点和种类

赋是我国古代文学中的一种文体，兼具文采和韵律，具有诗歌和散文的性质，其主要内容是写景，同时达到借景抒情的目的。赋从楚辞阶段开始，经历了骚赋、汉赋、骈赋、律赋、文赋几个阶段。赋最早出现在春秋战国时期，屈原的《离骚》将楚辞演化为"骚赋"，实现了诗向赋的变化。到了汉代，赋的形式得到确立，形成了"汉赋"。魏晋以后，赋逐渐向骈文形式发展，形成了"骈赋"。唐代时期，赋又由骈文形式转为律体，称为"律赋"。宋代很多文人开始用散文的形式写赋，形成"文赋"。

汉赋句式追求骈偶及声律协调，在文辞上讲究排偶和藻饰，如汉代司马相如的《上林赋》。唐代以后，赋逐渐散文化，对骈偶和音律的运用较为自由，形成了更倾向于散文化的"文赋"。写作于初唐的《滕王阁序》是骈体文，对仗工整。到了杜牧的《阿房宫赋》就是文赋，写作的手法更为自由。而宋朝苏轼的《赤壁赋》，虽然体裁也是赋，但散文化的迹象更为明显了。

## 二、诗词歌赋的发展历程

### 1. 我国诗歌的三次演变

诗是从古代自由诗向格律诗逐渐发展的，古代自由诗不讲究格律，其中《诗经》是我国文学史上最具影响力的古代自由诗代表作品，也是我国第一部诗歌总集。屈原的《离骚》出现后，古代自由诗从风、雅、颂演变为"离骚体"，这是诗歌的第一次演变。第二次演变即由"离骚体"演变成西汉的五言诗，逐渐取代了四言诗和楚辞。汉代五言诗对句数没有严格的限制，也称为五言古体诗，与此同时出现的还有乐府诗。第三次演变由五言诗转变为初唐时期的歌行杂体。唐代的沈佺期、宋之问在诗歌形式上追求平仄协调、对仗工整，形成五言和七言律诗，使格律诗逐渐成熟与定型。格律诗也就是近体诗，讲究平仄、押韵和对仗。格律诗包括绝句、律诗和排律。其多为五言和七言，四句为绝句，八句为律诗，多于八句为排律。绝句的代表作有李白的《黄鹤楼送孟浩然之广陵》《望庐山瀑布》等，律诗代表作有杜甫的《登高》《蜀相》等，排律的代表作有杜甫的《上白帝城二首》《与李十二白同寻范十隐居》等。格律诗在唐代达到全盛时期，其中的代表人物就是李白与杜甫。

### 2. 诗的国度

（1）诗歌的源头——《诗经》和《楚辞》　诗歌在中国古代文学发展历程中是最成熟的文学样式。中国是诗的国度，要学习诗词歌赋，欣赏诗词歌赋之美，首先要了解它的源头。在诗词歌赋的发展历程中离不开古代文学史上的两部巨著，那就是《诗经》和《楚辞》，这两部作品对古代诗词的发展有着重要的影响。"风骚"一词在现代被用来泛指文学或文人墨客，而"风骚"二字即来自《诗经》中的《国风》和《楚辞》中的《离骚》，二者合称"风骚"，可见这两部经典作品对后世文坛的影响之大。《诗经》和《楚辞》是我国古代文学史上不可磨灭的印记，后代文坛创作的诗词歌赋几乎都受到这两部作品的影响。

①《诗经》。《诗经》大约成书于公元前6世纪，是我国第一部诗歌总集，主要运用赋、比、兴的手法。赋、比、兴的表现手法对后代诗歌的创作产生了深远的影响。《诗经》以四言为主，句式整齐而又灵活多变，多采用回环复沓的结构形式，增强了感染力和韵律。《诗经》开创了我国现实主义文学的先河，在中国文学史上具有崇高的地位。

《诗经》共收录西周至春秋的诗歌作品305首，每篇作品都能够配合乐曲歌唱，包含风、雅、颂三部分，其中内容包括当时社会的风土人情、道德观念、人生哲理等，是我国诗歌最早的形式，为日后我国诗歌发展奠定了基础。"风"共160首，是土风俗乐的意思，反映了当时各诸侯国所辖不同区域的地方特色和民间生活。"雅"分为大雅和小雅，共105首，是指当时周王朝国都附近地区的乐曲。"颂"共40首，是古代祭神、祭祖用的舞曲歌辞。《诗经》的内容丰富而生动，真实地反映了当时的社会现实。例如，《豳风·七月》中叙述的农夫一年四季高强度的劳动过程，用平铺直叙的手法表现周朝早期农民的日常生活情况；《小雅·何草不黄》表现了征夫的辛苦及其相思之情；《硕鼠》以物喻人，是对贪得无厌的剥削者的辛辣讽刺；《将仲子》则描写了青年男女的恋爱经历。

②《楚辞》。继《诗经》之后，在我国文学史上大放异彩的另一部诗歌总集就是《楚辞》。战国时期，屈原创作的诗歌形成了一种新的诗体即"楚辞"，西汉时期由刘向等学者把

屈原和宋玉等的作品编辑成册，最终形成了《楚辞》这一文学典籍。《楚辞》凭借其浪漫主义的创作方法，即瑰丽的想象、丰富的情感和绚烂的语言，展现出非凡的艺术魅力，开创了中国浪漫主义文学的先河。

楚辞是战国时流行于江汉一带的新诗体，承袭了楚地民间"巫歌"的风格特征，以"书楚语，作楚声，纪楚地，名楚物"为特点，具有非常鲜明的地方色彩。共收录了《离骚》《九歌》《天问》《九章》《招魂》等 23 篇，其中《离骚》是楚辞中的杰出代表作，影响最为深远。

楚辞打破了《诗经》以四言为主的格式，采用了参差错落的长短句式，句末多用感叹词"兮"来结尾。其作品篇幅较大，想象丰富，辞藻华美，形成了一种"弘博丽雅"的风格。在语言描写方面，楚辞更善于渲染、形容，词语繁富，更重视外在形式上的美。在句式和结构上，楚辞较《诗经》更为自由且富于变化，能够抒发复杂和强烈的感情，更加生动地塑造艺术形象。

楚辞的浪漫主义精神对李白、李贺等后世诗人有巨大的影响。楚辞继承和发展了《诗经》的比兴手法，创造了象征手法。例如，用善鸟、香草比喻忠贞，用恶禽、臭物比喻谗佞，用虬龙、鸾凤比喻君子，用飘风、云霓比喻小人。独特的表现形式使楚辞内涵更加丰富，也更有艺术魅力。

（2）唐诗　中国古典诗歌在唐代最为灿烂夺目，唐诗继承了六朝诗歌的精华，使中国诗歌的发展达到了辉煌的顶峰，这一时期名家辈出，风格流派异彩纷呈。唐代不到三百年的时间里，流传至今的诗歌就将近五万首。唐代著名诗人的数量超越了先秦至隋代著名诗人的总和，其形式不但包括近体诗的形式，也有古体诗和乐府诗的形式，在风格上集成了《诗经》和《离骚》，同时也对宋代的词、元代的杂剧等产生了深远影响。唐代初期的诗一般讲究严格的韵律，以咏物为主。"初唐四杰"（王勃、杨炯、卢照邻、骆宾王）率先突破传统，例如，王勃的代表作《送杜少府之任蜀州》，杨炯的代表作《从军行》《出塞》等，卢照邻的代表作《长安古意》，骆宾王的代表作《于易水送人》等，强调立言见志，抒发诗人的丰富情感，为唐代开辟了全新的诗风。这也为随后不同诗词派别的产生奠定了基础，如以高适、岑参为代表的边塞诗派，以王维、孟浩然为代表的山水田园诗派，这些诗派都各具风格，为中国古典诗歌的发展注入了新的活力。

盛唐诗人中李白、杜甫的成就最为耀眼，是唐代诗人的典型代表，正如韩愈对"李杜"二人的评价："李杜文章在，光焰万丈长。"李白所作经典辞赋在历史上享有很高的地位，后世尊称他为"诗仙"。杜甫对中国古典诗歌的影响深远，被后世誉为"诗圣"。李白、杜甫是古代格律诗的两位重要代表人物。

李白的诗歌具有强烈的叛逆精神，如其代表作品《将敬酒》《梦游天姥吟留别》《蜀道难》等，表现出诗人坚持理想、追求自由、藐视金钱和权贵，给人以精神上的洗涤和鼓舞。在具备高尚精神和充满理想色彩的同时，李白的诗词展现出明显的浪漫主义特征。其代表作品《望庐山瀑布》采用夸张和比喻的手法，将庐山瀑布描述得绚丽壮观，给人以无限想象空间。《夜宿山寺》则以简练笔触，运用独特的夸张和想象手法，将山上的古寺描绘成了一座神仙楼阁。

杜甫，作为唐代伟大的现实主义诗人，与李白并称为"李杜"。杜甫的诗真实地反映了安史之乱前后社会生活的各个方面，如其代表作品《登高》《春望》和《北征》，字里行间洋溢着热爱祖国和人民的感情，因而有"诗史"之称。杜甫的作品饱含家国情怀，情系百姓生活，如其作品"三吏"和"三别"。"三吏"分别为《新安吏》《石壕吏》《潼关吏》，"三别"分别为《新婚别》《垂老别》《无家别》，生动描写了百姓因战乱而遭受的各种悲欢离合、生离死别，以及他们为保家卫国而承受各种苦难的情景，表现了诗人忧国忧民的精神境界。在艺术风格上，杜甫的诗沉郁顿挫，同时又呈现出多样化的风格，时而雄浑悲壮，时而轻灵奔放，对后代诗坛的创作和审美取向产生了极为深远的影响。

李白和杜甫属盛唐时期的杰出代表，唐代中期的诗人基本受到"李杜"的影响，产生了两个主要的创作流派。一派继承杜甫抨击社会、关注社会现实的精神，语言通俗，风格简洁，富有感情，其代表人物有白居易、元稹、张籍等，如白居易的代表作品《琵琶行》《卖炭翁》等，体现了对普通民众生活的关心和同情。另一派则继承了李白和杜甫在艺术风格上的创新精神，致力于刻画平凡的生活或者奇特的景象，代表人物有韩愈、贾岛、李贺等。除了以上两个大的流派外，中唐时期的诗歌体现出多样化的风格和不同的创作个性，呈现出百花齐放的特征。

到了唐代晚期，诗歌虽不复盛唐时期一派繁荣的气象和中唐时期百花齐放的格局，但诗的形式更加精美。此时涌现出以李商隐、杜牧为代表的著名诗人，如李商隐的代表作品《锦瑟》、杜牧的代表作品《题乌江亭》《阿房宫赋》等，以针砭时弊、咏史抒怀为主。

### 3. 词的兴盛

词是我国古代诗歌中的一种体裁，与格律诗、曲以及古代诗歌并列，是一个独立的文学体裁。词在唐代主要是用于配合音乐进行歌唱，南宋以后，大多数词的乐谱失散，这些词也就失去了歌唱性，成为现在看到的无法歌唱的歌词。词萌芽于南北朝时期，在唐代基本形成，在宋代达到鼎盛时期，明清时期逐渐衰落。词又称"曲子词"，最早产生于民间，隋代民歌《河传》和《杨柳枝》是较早的民间曲子词，以敦煌曲子词为代表的民间曲子词清新自然，饱含生活气息。诗词逐渐由民间转向文人阶层，形成文人词，现存最早的文人词是李白的《忆秦娥》和《菩萨蛮》。到晚唐及五代时期，词得到进一步发展，出现了专事填词的词人与词集，如《花间集》。宋代是词的繁荣时期，出现了诸如辛弃疾、苏轼等大词人，词得到了极大的提高与发展，形成宋词与唐诗并驾齐驱的文学史现象。

词的作用是具备一定韵律使其适合歌唱，同时又具有艺术性，其音节和句式根据词牌的不同而体现出不同的格式和韵律。不同的词牌规定着特定的字数和结构，体现着不同的音律，但词牌和内容没有特定的联系。词牌名从二字到六字以上不等，目前流传下来的词牌数目大约有 870 多个。

宋词名家辈出、流派纷呈，主要有婉约派与豪放派。婉约派词的内容多表达男女之间的相思之情、别离之感等，代表人物有欧阳修、李清照等。欧阳修的《踏莎行》是婉约派的代表作，词中写春愁、相思之情，写法清丽明媚，语言平易又意义深远，虽细腻但毫无脂粉气。李清照是中国文坛上有代表性的女性词人，其词风在前期和后期有显著差异，其前期的代表词作《醉花阴·薄雾浓云愁永昼》《一剪梅·红藕香残玉簟秋》等，主要书写其悠闲的生活状态和细腻的情感体验；而后期代表作《永遇乐·落日熔金》《声声慢·寻寻觅觅》等，主要体现对身世的感叹，格调较为伤感，也反映出对国家衰落的悲叹和感慨。婉约词在北宋词坛占据主导地位，无论在作品数量上还是在词人数量上都相对豪放派占据优势。

豪放词的兴起相对于婉约词要晚得多。虽然宋初词坛也偶尔出现一些突破婉约传统的作品，如范仲淹的《渔家傲·塞下秋来风景异》、欧阳修的《采桑子》（十首）等，但这类词毕竟是少数，没有形成太大的影响。到了北宋中期，著名文学家苏轼作为当时的文坛领袖，开启了词风改革，使词的题材更为广阔，词的内容涉及了怀古咏史、议政游记等方面，使词的功能从仕女歌词向文人抒情转变。同时，词的语言风格更加清新豪放，善于运用夸张和比喻等手法，给人一种豪放、飘逸的感觉，从而开创了词坛的重要流派——豪放词派。苏轼的豪放词代表作很多，广为传诵的有《水调歌头·中秋》《念奴娇·赤壁怀古》等。

靖康之变后，婉约词赖以生存的社会环境逐渐消逝，爱国主义成为当时词坛的主要基调。这时的豪放派代表词人有辛弃疾、陈亮等。辛弃疾的代表作品《破阵子·为陈同甫赋壮词以寄之》《永遇乐·京口北固亭怀古》等，继承了苏轼词中的豪放风格，较之前更加慷慨激昂，并将忧郁悲壮的情怀融入其中，进一步丰富了豪放派的内容和风格。从此，豪放派与婉约派彻底区别开来，成为宋词的两大主流。直至明清时期，豪放派和婉约派仍然是词坛的基本格局。

### 4. 元曲的形成

元曲盛行于元代，包括杂剧和散曲两种不同的文学体裁。杂剧属于戏曲的范畴，而散曲则属诗歌，根据曲数的不同分为小令和套数。杂剧的影响远超过散曲。元曲与唐代格律诗和宋词相比，形式更为自由。虽然有规定格式，但可以在其中加衬字或增句，押韵也相对灵活，内容也更加贴近百姓生活。元曲的发展初期在宋末元初，这一时期元曲从民间进入文坛，呈现出通俗化和口语化的特征。在中期，文人开始参与元曲的创作，散曲成为主要体裁之一。至元末时期，散曲有了较大的进步，开始讲究格律和辞藻的运用，崇尚细腻典雅，创作视野也进一步扩大，反映了当时社会现实和人生百态，成为我国历史文化的宝贵遗产。

元代文学的突出成就是元杂剧的兴起。随着各种文学艺术作品的沉淀，形成了元杂剧这样的综合艺术形式。元杂剧包含了文学、表演、舞蹈等多种文化元素，又融合了各民族的文化精华，形成了一种独具特色的艺术形式。元杂剧在具备艺术性的同时，又饱含强烈的生活气息，反映出当时的社会现实。很多作品表现了底层百姓的喜怒哀乐，反映出被压迫阶层对统治阶级的反抗，寄托了穷苦百姓对美好生活的憧憬，具有一定的现实性和批判性。

元代是我国古典戏曲史上的黄金时代。在不足百年的时间内，见于记载的剧目有七百多种，剧作家多达两百余人，涌现了关汉卿、马致远、王实甫等著名剧作家。元杂剧的语言质朴自然、生动泼辣。关汉卿是元代杂剧作家的杰出代表，也是元代杂剧的奠基人。他一生写了六十多部剧本，题材广泛，风格多样，其代表作有《窦娥冤》《救风尘》《望江亭》等。关汉卿的代表作品《窦娥冤》是元杂剧中的经典之作。作者以饱满的感情、浪漫的手法，描写了一个震撼人心的悲剧故事。关汉卿在窦娥身上倾注了对贫苦民众，特别是善良妇女的深切同情，对代表社会恶势力的张驴儿、草菅人命的昏庸太守则表示出极度的愤怒和强烈的谴责。全剧人物形象鲜明，语言充满个性特征，特别是后半部分浪漫主义手法的精彩运用，使《窦娥冤》成为关汉卿剧作乃至元杂剧中的杰出代表，至今在我国戏剧舞台上长演不衰。王实甫的代表作《西厢记》是一部带有明显反封建礼教色彩的剧作，讲述了相国小姐崔莺莺和书生张生的爱情故事。正直诚恳、书生气十足的张生与温柔美丽的崔莺莺一见钟情，却遭到门第观念顽固的老夫人的阻碍、破坏。身份低微而善良、聪颖的侍女红娘从中斡旋，帮助他们突破了重重困难，使有情人终成眷属。《西厢记》有力地抨击了封建礼教的腐朽、虚伪，歌颂了追求爱情自由的男女青年，具有深刻的思想内涵。作品情节波澜起伏、曲折变化、扣人心弦，语言清丽优雅、诗意盎然，善于营造意境和刻画人物的心理，这些都体现出了"诗剧"的艺术特色。这些卓越成就使《西厢记》成为我国戏剧创作的范例。元杂剧的优秀作品还有白朴的《墙头马上》、马致远的《汉宫秋》、郑光祖的《倩女离魂》、纪君祥的《赵氏孤儿》等。

从中国文学史的总体历程来看，元杂剧是重要转折的标志。在元杂剧之前，诗词和散文的主要功能是抒情咏怀，而元杂剧则以叙事为主，更能直接地表现人物的喜怒哀乐。人物形象更为饱满，内容更加贴近生活，深刻反映了社会现实，其形式和内容更为大众所接受。元杂剧为后世戏剧、小说等叙事文学的发展奠定了重要基础。

### 5. 汉赋的演变

赋是中国特有的一种文学样式，兼有散文和韵文的性质，赋的形成和发展经历了很长的时间。赋最早产生于战国后期，赋的源头是春秋战国时期的楚辞，它深受楚辞的巨大影响，经历了骚赋、汉赋、骈赋、律赋、文赋几种形式，在汉唐时期达到鼎盛，其中以汉赋的影响最为深远。汉代产生了大量文辞优美、气势恢宏的赋，汉赋无疑是赋体文学发展的鼎盛阶段，其主要特点是铺陈写物，不歌而诵，如司马相如的《上林赋》、班固的《两都赋》等。汉代以后，赋仍得到发展，魏晋南北朝时期出现了骈赋，唐代文人创作出律赋。唐代古文运动后，赋逐渐形成文赋的形式，不再拘泥于格律骈偶，如苏轼的《赤壁赋》是倾向于散文的赋。宋代则以文赋为主。

汉赋分为抒情述志的短赋和铺陈排比的大赋两类。短赋的代表作品有汉初贾谊的《鹏鸟赋》《吊屈原赋》，东汉张衡的《归田赋》等。大赋是汉赋的主流，以司马相如的《子虚赋》和《上林赋》为代表。《子虚赋》假托虚构的人物子虚和乌有之间的对话，用夸张的手法和丰富的语言描写了云梦之美及统治者歌舞游猎之乐。《上林赋》描写天子上林苑的壮丽及天子射猎的盛大场面。

汉赋有许多名篇传世，也出现了众多的辞赋家，其中最具代表性的是"汉赋四大家"，即司马相如、扬雄、班固、张衡，他们的作品成就很高，对后世文坛产生了深远的影响。

司马相如作品的最突出特点是写景状物极尽铺叙和夸张。其写作艺术表现为多视角、多中心，对称整齐，堆砌繁富，重写景、重铺排、重夸饰，追求声音美和字形的排列美。

扬雄与司马相如并称"扬马"，被后世学者誉为"汉代孔子"，是汉代大赋的著名作家，其代表作有《长杨赋》《甘泉赋》。扬雄的作品继承了司马相如的风格，内容主要歌颂汉朝的声威和皇帝的功德，在铺陈和描写方面更加雄宏艳丽，同时也增加了部分讽刺的成分。

班固是东汉大文学家、史学家，与司马迁并称"班马"。其汉赋的代表作为《两都赋》，表达了东都洛阳之美，歌颂了光武帝迁都的功绩。同时在表达手法上进行了重大突破，开创了京都赋系列的范例，推动了汉代文学思想的发展。对随后张衡的《二京赋》以及西晋文学家左思的《三都赋》等创作产生了深远影响。

张衡作为天文学家，以制造出浑天仪和地动仪闻名于世。同时他在文学领域的成就也很突出，其代表作品有《二京赋》《归田赋》《思玄赋》等，在继承前代辞赋家表现手法的同时，风格更加清新爽朗、简洁精练，开创了抒情小赋的创作风格。

## 三、诗词歌赋之美

中华诗词始于先秦，其严格的韵律、凝练的语言、整齐的形式和丰富的感情，使诗词成为一种饱含美的语言艺术。诵读诗词能提升心智、提高修养，产生对美的认识和追求，同时能够让人直观感受先辈们生活的情景，成为认识我国历史文化的活态遗产。学习古代诗词，就是传承中华文化，穿越时空与古代先贤们进行跨时空的思想交流。

唐代诗词鼎盛时期，诗人们的作品形成了多种不同的风格和流派。例如以王维为代表的山水田园派、以岑参为代表的边塞派等，以不同的艺术手法体现了不同的意境。

### 1. 田园之美

唐代山水田园诗派以王维为代表，这一流派还包括了孟浩然、韦应物等著名诗人。他们不仅传承了东晋陶渊明和谢灵运的诗风，更在田园风光和自然景物的描写上达到了新的高度。这些诗人或因仕途受挫，或因追求隐逸，将情感寄托于山水之间，创作出追求宁静、自然、空灵、入画境界的诗作，实现了"诗中有画、画中有诗"的艺术效果，让人感受到清新脱俗的自然美。下面依托有代表性的作品赏析山水田园诗派的诗作之美。

实例赏析1：

**汉江临泛**

唐 王维

楚塞三湘接，荆门九派通。

江流天地外，山色有无中。

郡邑浮前浦，波澜动远空。

襄阳好风日，留醉与山翁。

王维这首《汉江临泛》体现了其"诗中有画、画中有诗"的特点。"楚塞三湘接，荆门九派通"以波澜壮阔的汉江为景象，诗人泛舟于江上，极目远眺，能够看到楚地和湘地奔涌而来的"三湘"之水在这里相连接。通过"三湘"与"九派"的数量词运用，将视野所不及的地方体现于笔端，形成一幅宏大的画像。"江流天地外，山色有无中"描绘出了一幅远景，将远方的山光水色作为背景，用极淡的笔墨描绘出清奇之感，效果胜过浓墨重彩。"郡邑浮前浦，波澜动远空"中"浮"和"动"两个字让整个画面动起来，同时用对比的手法，将原本固定的城郭和天空赋予了动态之美，动与静的巧妙结合，让人感受到一种身临其境的错觉。"襄阳好风日，留醉与山翁"表达出诗人对襄阳的热爱之情，与之前的景色描绘形成呼应，让人感到作者积极乐观的情绪。这首诗如同一幅色调淡雅、风格清新的水墨画，画面远近结合、疏密有致、动静相宜，给人以无限的想象空间和美的享受。

**实例赏析2：**

### 鹿柴

唐 王维

空山不见人，但闻人语响。

返景入深林，复照青苔上。

这是王维的一首写景诗，描写了傍晚时分空山深林中的幽静景色。诗的特点在于以动衬静，以局部衬托全局，清新自然，引人入胜。"空山不见人"从正面描写了空山的杳无人迹和空寂清冷。"但闻人语响"加入声音的描写，使意境产生转折，表现出空山并非一片死寂，暂时的"人语响"更能对比出长久的空寂，使山林的空旷和幽深更加突出。后面两句由上面的描写空山人语，转而描写深林景色，诗人为了描写深林的幽暗，并没有着力描写其多么昏暗，而是特意写出微弱的阳光映射入深林，斑驳地照在青苔上，运用这种对比描写，反倒使人更觉其幽暗。整首诗一、二句是以有声衬空寂，三、四句以光亮衬幽暗，以声和光的对比，以有声的静寂、有光的幽暗，让人倍感整个深林的宁静与幽暗，给人留下深刻的印象。

### 2. 边塞之美

边塞派的诗歌主要是描写边塞战争的景况和边塞的风土人情，也包括对战争的反思，以及因战争产生的离别和思乡的描写。诗作慷慨激昂、意境雄浑，体现出了大唐盛世所特有的气势，以高适、岑参、王昌龄等诗人的作品最为人所熟知。

**实例赏析3：**

### 白雪歌送武判官归京

唐 岑参

北风卷地白草折，胡天八月即飞雪。

忽如一夜春风来，千树万树梨花开。

散入珠帘湿罗幕，狐裘不暖锦衾薄。

将军角弓不得控，都护铁衣冷难着。

瀚海阑干百丈冰，愁云惨淡万里凝。

中军置酒饮归客，胡琴琵琶与羌笛。

纷纷暮雪下辕门，风掣红旗冻不翻。

轮台东门送君去，去时雪满天山路。

山回路转不见君，雪上空留马行处。

《白雪歌送武判官归京》是一首咏雪送别之作。此诗开篇就突出飞雪精神，"北风卷地"通过写风就让人感到无比的寒意，"白草折"用草的折断和倒伏来衬托风的猛烈。八月本身是秋高气爽之时，而北地已是漫天飞雪，反衬出塞外的苦寒。"忽如一夜春风来，千树万树梨花开"是经典名句，千古佳句，将雪花比作梨花，具有浪漫主义色彩。之后的诗句从户外转入帐内，用珠帘、罗幕、狐裘、锦衾等物品描写帐内的景象和感受，手法具体且真切，表现出边地将士的苦寒生活。帐内的寒冷描写完后，场景再次转移到帐外。"瀚海阑干百丈冰，愁云惨淡万里凝"，描写出广阔的沙漠和高远的天空，暗示了长途跋涉的艰辛。"中军置酒饮归客，胡琴琵琶与羌笛"，用边地之乐器，描写出送别的画面，也触动了送者的乡愁。"风掣红旗冻不翻"再一次生动地写出了边塞的奇寒天气。用飞舞的雪花映衬静止的旗帜，用暖色的红旗映衬白色的雪景，更加反衬出整个环境的寒冷。"轮台东门送君去，去时雪满天山路"，行人已经消失在雪地里，诗人还在依依不舍地深情地目送，表现了作者在雪中送别时的不舍之情和真挚友谊。"山回路转不见君，雪上空留马行处"，渐行渐远的马蹄印迹，让人低回不已、意犹未尽，呈现出一幅边塞的有声之画。

### 3. 理想之美

以李白为代表的咏史怀古派，包括刘禹锡、杜牧等，表现了一种蓬勃向上、自由浪漫的精神风貌，体现了诗人追求理想、以天下为己任的风骨。这个时期的诗歌风骨声律兼备，在抒发诗人政治理想和人生抱负的同时，以寓言和咏史的形式抨击时政、针砭时弊，手法多采用比兴寄托，表达对功名利禄的蔑视和对自由生活的追求。其中李白的诗作出神入化，充满浪漫主义色彩，被后世誉为"诗仙"。

**实例赏析4：**

**登金陵凤凰台**

唐 李白

凤凰台上凤凰游，凤去台空江自流。

吴宫花草埋幽径，晋代衣冠成古丘。

三山半落青天外，二水中分白鹭洲。

总为浮云能蔽日，长安不见使人愁。

《登金陵凤凰台》是李白少数律诗中脍炙人口的杰作。此诗是李白被流放夜郎国遇赦后返回所作。

"凤凰台上凤凰游，凤去台空江自流"，连用了三个凤字，使音节流转明快。凤凰本来是王朝兴盛的象征，作者却看到凤去台空，六朝的繁华也一去不返，只有长江的水仍然不停地流着。"吴宫花草埋幽径，晋代衣冠成古丘"是对凤去台空的进一步补充。吴国和晋代的繁华与风流已成荒野与荒冢，一时的煊赫却没有在历史上留下了有价值的东西。"三山半落青天外，二水中分白鹭洲"，让诗人瞬间跳出对历史的凭吊，把目光又投向自然和山川，金陵长江边上三座山峰若隐若现，长江被分割成两道。这两句诗对仗工整，展现出壮丽的气象。"总为浮云能蔽日，长安不见使人愁"，将诗人的思绪拉回到现实，表达自己报国无门的沉重心情。作者把历史的典故、眼前的景象和自己的感受交织在一起，抒发了忧国伤时的怀抱，表达出深远的意境。

### 4. 家国之美

古代著名诗人多为爱国仁人志士，他们有的在朝廷为官，有的在沙场征战，有的在民间体会百姓的疾苦。因此很多诗作饱含家国之情，值得大家去仔细欣赏。如诗人杜甫是爱国忧民派的典型代表，他主张揭露残酷黑暗的社会现实，表达悲天悯人的人道主义精神，他的诗作中饱含对国泰民安理想社会的向往之情，表达对普通百姓艰难生活的深刻同情，因其作品中强烈的家国情怀，被后世文人尊为"诗圣"。

实例赏析5：

### 春望

唐　杜甫

国破山河在，城春草木深。

感时花溅泪，恨别鸟惊心。

烽火连三月，家书抵万金。

白头搔更短，浑欲不胜簪。

本诗的开篇就将一幅国家破败的景象展现在读者眼前，"破"和"在"形成强烈对比，让人感到国都沦落的凄凉氛围，"春"和"深"依然进行对比，虽是春天，但无法让人感到生机，只有深切的凄惨之感。"破"字令人惊心，"深"字使人凄然。诗人明为写景，实为抒怀，为全诗营造了氛围。后面两句诗中，"花"和"鸟"虽是美好的事物，但这样美好的事物却也有了泪，也被惊吓，作者看到的事物其实就是自己内心的写照，更加体现出诗人触景生情的伤感场面。诗的前四句，都是通过"望"来实现的，这也照应了作品的标题。通过视线的由远及近，视野从山河城池转移到花鸟草木，感情也随之由弱转强、由隐而显。在"望"过之后，通过景与情的变化，在诗的后半部分让人转入沉思，通过"三月"和"万金"的数量描写，突出战争的持久与残酷，体现出对家中亲人的消息的急切盼望之情，写出了消息隔绝，久盼而未收到任何音讯的迫切心情，使人产生情感上的共鸣。"白头搔更短，浑欲不胜簪"体现出在面对国破家亡之时，而自己又发短稀疏、逐渐衰老，更增加了一层悲凉之意。全诗反映了诗人热爱国家、眷念家人的真切情感，也充分表达出诗人的家国情怀。

【美的思辨】

1. 比较诗词歌赋，根据你的理解，说出它们的不同特点。
2. 诗词歌赋你最喜欢哪种文体，为什么？

# 第二节　文字书法

汉字具三美，意美以感心，一也。音美以感耳，二也。形美以感目，三也。

——鲁迅

【美的赏析】

书法大师们用汉字创作出了流芳百世的书法作品，笔走龙蛇，跌宕有致，铁画银钩，空前绝后，经过几千年的历史沉淀，成为宝贵的文化遗产，至今仍值得大家去仔细欣赏和品味。篆、隶、楷、行、草，字体的演化和多姿多彩的形态，吸引着中华儿女仔细揣摩，衍生出一种只可意会不可言传的深层的陶醉和美感。

## 【美的视线】

汉字是人类历史上存在历史最长的文字之一，也是中华文化得以绵延至今的载体。汉字的读音和结构让其呈现出更加美好的形象，阴、阳、上、去传递音律和谐，点、横、撇、捺呈现精妙组合，含英咀华彰显意蕴无尽。

## 一、中国文字的历史变迁

中国文字史包含汉字及少数民族文字等多种文字的历史，这里主要介绍汉字的发展历史。汉字经历了数千年的发展和演变，成为如今见到的文字。大体来说，商代之前是汉字起源的时期，到殷商时期甲骨文的形成使汉字发展到成熟期。西周后期汉字演变为大篆。秦始皇统一中国后，全国统一用简化后的字体即小篆。到汉代，产生了隶书，我国的文字从古文字阶段进入隶楷阶段。楷书在隋唐得到定型，到宋代则被美术化为宋体字，而如今常用的"仿宋体"就是在模仿宋体字的基础上发展而来的。

少数民族的文字系统较多，在我国相对使用比较多的少数民族文字有藏文、蒙古文、维吾尔文等。少数民族文字同样在我国的文化交流和社会发展中起到了非常重要的作用，作出了卓越的贡献。

如今使用的文字历经数千年的演变与传承。汉字从甲骨文开始，经历了金文、大篆和小篆几个阶段。从汉代隶书广泛使用后，楷书、行书和草书几种字体的出现和使用时间并无明显分界，有的并行使用。汉字的发展历程简述如下。

### 1. 甲骨文

在甲骨文出现前，汉字已经有了漫长的历史，如贾湖刻符、双墩刻符、半坡陶符等，均在甲骨文之前出现。而甲骨文被认为是较为成熟的汉字系统。甲骨文发现于约一个世纪以前，是古代的人在占卜吉凶或记录重大仪式时，刻于龟甲或兽骨上的文字（图4-1）。甲骨文始于殷商时代，我国古文字学家认为甲骨文是目前能看到的最早且比较完备的文字，其已形成了较为复杂的文字系统，在当时已经可以组成较长的记叙性文字。甲骨文所记载的内容非常丰富，内容涉及当时的政治军事、文化习俗等领域。在造字方面，甲骨文为我国汉字的发展奠定了基础，具有极高的文化和考古意义。

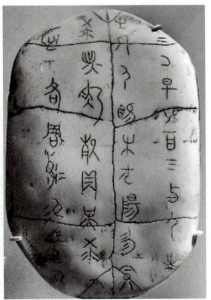

图4-1　甲骨文

【美苑撷趣】

## 一字千金甲骨文

2022 年，河南省安阳市为发挥甲骨文研究在中华文明探源工程中的积极作用，宣布对破译未释读甲骨文的优秀成果，经专家鉴定通过后，单字最高可奖励 10 万元。中国文字博物馆有关负责人介绍，目前甲骨文单字总数超过 4500 个，已经释读的有 1600 余个，大部分还有待释读。中国文字博物馆将分期分批推出未释读的甲骨单字，待专家论证后，在中国文字博物馆官方平台发布。

### 2. 金文

金文是指铸刻在青铜器上的文字（图 4-2）。金文始于殷商时期，到西周时逐渐发展起来。不同时代的青铜器上金文的字数不等，主要内容是歌颂祖先和王侯们的功绩。在殷商时期，青铜器上的铭文字数相对不多，一般不超过 50 字。从西周开始字数逐渐增多，西周末年的毛公鼎，上面所铸造的文字达到 497 字。现代出土青铜器上发现金文单字约 3700 多个，其中 2400 多个字已经得到识别。和甲骨文相比，金文的形状和结构与甲骨文相近，属于同一种字形。但金文是预先刻在陶制的模具上的，相较坚硬的甲骨，陶制的模具质地较为松软，更加适合刻字，因此金文更加接近原始书写的真实面貌。

### 3. 大篆

大篆的起源与《史籀篇》中的记载紧密相连——"周室王太史籀作大篆"，因此大篆也被称为籀文（图 4-3）。西周后期，汉字由金文逐渐发展演化为大篆。春秋战国时期，当时各诸侯国的语言和文字并不统一，秦国使用大篆，其他六国所使用的"六国古文"也属篆体。

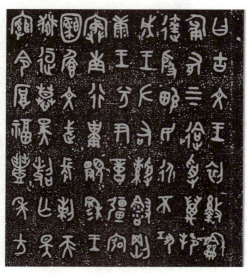

图 4-2　金文

图 4-3　《散氏盘》铭文大篆

篆的意思就是把字体的笔画适当拉长处理，形成一种柔婉而流畅的长线条。因此大篆开始表现出线条化，由甲骨文和金文时期粗细不匀的文字线条转变为均匀柔和的笔画，同时字形结构趋于整齐，字体结构比金文工整，逐渐脱离了图画的原形，大篆也因此为后期的方块字奠定了基础。但大篆的字体复杂，构形偏旁也常有重叠，影响了书写的便利性。现存的大篆真迹中，一般认为"石鼓文"是其代表作。"石鼓文"是刻在石鼓上的文字，石鼓文内容形式为四言诗，主要记录秦始皇游猎的盛况，是中国最早的石刻文字，现藏于北京故宫博物院。

### 4. 小篆

秦始皇统一中国后，为在全国范围内统一文字，以秦国的大篆为基础，吸收了民间的一些文字，并加以整理、简化和规范，从而形成小篆，因此小篆又称秦篆（图4-4）。小篆产生于秦国，至西汉前期一直沿用。

相对于大篆而言，小篆让字体在形体、笔画和结构上实现了更为显著的定型化，象形的意味进一步减弱，文字的符号功能得到强化，降低了认读和书写的困难。小篆出现，秦始皇成功地实现了全国文字的统一，消除了当时各国文字各异的现象，促进了社会的进步和文字的规范发展。

现存的小篆的代表作有《琅琊台刻石》《泰山刻石》等。篆书作为古文字的一种，虽然被隶书取代，但由于其字体优美，始终被书法家喜爱，并在书法印章刻制时采用。甲骨文、金文和小篆，在我国文字发展史上被称作古文字，古文字对于现代汉字的形成以及我国的经济、政治和文化发展具有重要的意义。

图 4-4 《泰山刻石》小篆

### 5. 隶书

隶书从汉代开始形成，汉代以后，小篆逐渐被更加简化和方便书写的隶书所取代，成为当时主要的书写字体，中国文字从此从古文字阶段进入隶楷阶段。隶，指当时掌管文书的官吏，因从这些官吏中开始流行，故称为隶书。当时为方便书写，下层的小官吏和工匠在使用文字时删繁就简，使字形变圆为方，笔画改曲为直，将小篆的弯曲的线条写成方折的形式，降低了书写难度，提高了书写速度，因此逐渐盛行起来，到汉代隶书已经成为全国范围的正式书写字体（图4-5）。汉代后，小篆主要用来刻印章及在钟鼎上铭刻金文。

中国文字由小篆向隶书的转变称作"隶变"，这一转变结束了我国的古文字阶段，是文字发展史上一个重要转折点，汉文字进入更为定型化的阶段。隶书进一步强化了记号功能，减少了图形属性。隶书的书写效果呈宽而扁的形态，横长而竖短，横画一般呈现"蚕头燕尾"和"一波三折"的书写效果。经过隶变后的文字比古文字更容易辨识，其基本接近现代所使用的文字。隶书的出现，为后来楷书、行书、草书的派生奠定了基础。

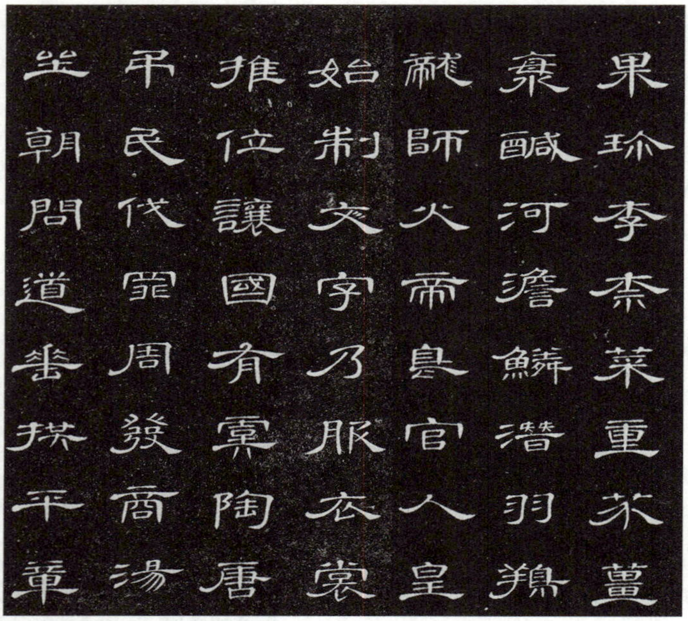

图 4-5 《曹全碑》隶书

## 6. 楷书

楷书成熟于东汉时期，在魏晋南北朝时期开始盛行。在字体结构方面，楷书继承了隶书的写法，但笔画有所改变。楷书将扁形的隶书改为方正的方块字，成为供人学习和使用的规范书体，因其字体方正、横平竖直，故楷书又名"真书"或"正书"（图 4-6）。早期具有影响的楷书书法家是东汉末年的钟繇，在其作品中还残留着隶书的写法。楷书在魏晋南北朝时期一直有所变化，到隋唐之后才基本定型，定型后的楷书笔画和结构都非常严谨。唐代是楷书繁荣发展的鼎盛时期，从唐代到元代，产生了很多擅长楷书的书法家，如唐代颜真卿、柳公权、欧阳询和元代赵孟頫，被后世称为"楷书四大家"。到宋代，为适应印刷术的发展需求，出现了宋体字，至现代印刷的宋体、仿宋、黑体等字体都属于不同风格的楷书。

## 7. 草书

草书与楷书几乎是同时兴起的，一开始草书是隶书的一种快写字体，因其写得潦草、快速而称为草书。东汉后，文人及书法家对草书进行了规范和加工，使草书有了比较固定的形体，可以在一些官方场合使用，因此称为"章草"。章草在一定程度上保留了隶书的特点，如拨挑和捺笔（图 4-7）。楷书产生后，在楷书的基础上草书得到进一步发展，笔画之间可以勾连，字与字之间也可以连写，偏旁可以相互假借，隶书的某些笔画特征也消失了，形成了另一种类型的草书，即"今草"。到唐代，草书为书法家所常用，很多书法家将今草写得更加放纵连绵，字形变化多端、狂放不羁，称为"狂草"。章草的代表作有三国时期的《急就章》，今草的代表作有晋代王羲之的《初月》，狂草的代表作有唐代张旭《肚痛帖》。狂草在后期完全脱离实用的属性，成为纯粹的艺术创作形式，主要用于书法家及书法爱好者临摹。草书由于字形过于简化、难于辨认、容易混淆，所以草书无法取代隶书成为主要的字体。

图 4-6　欧阳询楷书《九成宫醴泉铭》

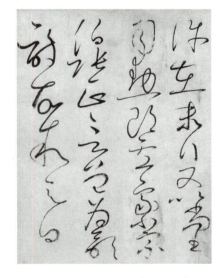

图 4-7　怀素草书《自叙帖》

### 8. 行书

　　行书出现于东汉末年，行书既不像楷书工整，也不如草书那么奔放，是介于楷书和草书中间的一种实用字体。楷书像坐着的人，草书像奔跑的人，行书则像行走的人，因此称为"行书"。行书既可以写得很快，又容易识别，具有很强的实用性，因此受到人们的喜爱，一直被使用至今。

　　行书没有严格的书写规则，书写规矩接近楷书的，称为行楷；书写放纵接近草书的，称为行草。行书可以理解为草化的楷书或楷化的草书，行书弥补了楷书的书写速度慢和草书难于辨认的不足。

　　行书在具有实用价值的同时，也具有很高的艺术价值，很多书法家以行书完成著名的书法作品，行书的代表作有王羲之的《兰亭序》（图 4-8）、王献之的《鸭头丸帖》等。

## 二、汉字之美

### 1. 汉字的造字

　　汉字有固定的造字方法，造字法是古人根据汉字的结构和意义进行造字的规律。汉字的造字方法包括象形、指事、形声、会意、假借和转注六种，这六种造字方法称为"六书"。我国的汉字都是通过这六种方法造成的，下面分别予以说明。

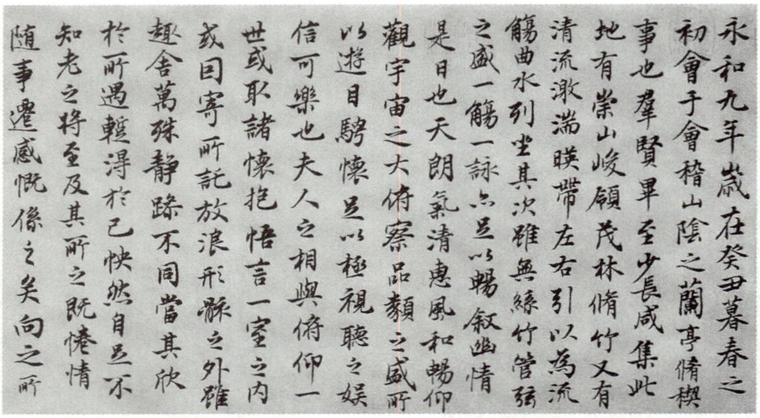

图 4-8　王羲之行书《兰亭序》

象形，就是根据事物的形象来进行造字，是最初的也是最基本的造字方法，我国汉字有很多象形字，如"日、月、水、火、人"等。这些字就是描绘其图案创造出来的，后经逐渐演变，成为如今使用的造型。

指事，有的是在象形字的基础上加上一定的笔画和符号形成的，有的是由单纯的象征性符号组成。比如"刃"字，就是在刀锋的一面加上一点，比如"一、二、三"，就是用纯象征符号造字。

形声，是运用表示事物特性和归类的形旁，和表示读音的声旁组成汉字。因此这类字一般都能够被拆分为声部和形部两个部分，根据形旁和声旁位置的不同，分为左形右声如"城"、右形左声如"刚"、上形下声如"芳"、下形上声如"袋"、外形内声如"匪"。

会意，使用两个或两个以上的字体或符号组成新字的造字法，比如"尖"就是指上小下大的形象，"明"就是由发光的日和月组成的。

假借，就是借用某个字，给其加上代表不同意义的形旁来组成新字的造字法，和形声的造字方法相类似，只是声旁表示读音的功能没有了。如"兑"字，加上不同的形旁，就可以变成"悦、说、脱"等字。

转注，是在汉字的使用过程中，某个字原本的意义发生了变化，则其本义字用另一个字来代替。如"要"的原始本义是指腰部，后来逐渐转变为动词，则原来的意思用"腰"来代替。所以是与原始字密切相关的用字方法，原来的字都有对应的字来代替。

由此可见，象形和指事都是单纯的造字方法，创造出的也多数是独体字；而形声、会意和假借都是通过组合的方法造字；转注则是一种用字的方法。这些方法都是经过长期的演化而形成的，也是我国古代人民智慧的产物，是中华文明的重要组成部分。

## 2. 汉字的形状

从楷书代替隶书以来，我国汉字呈现"方块字"的形态基本形成，几千年来一直流传下来。汉字每个字占据的空间都是相同的，能够给人一种整齐、美观的感觉，这是拼音文字所不能比拟的。就组成结构而言，汉字有独体字和合体字，独体字所占比例不高，约占汉字总数的 5%，独体字不能分割，如"日、月、人"等。合体字在汉字中占大多数，汉字有 90%

以上是合体字，合体字的组成方法包含上下结构、左右结构、半包围结构、全包围结构、上中下结构、左中右结构和品字形结构等。如上下结构的字有"暑""尖"等，左右结构的字有"好""期"等，半包围结构的字有"冈""赶"等，全包围结构的字有"围""因"等，上中下结构的字有"高""黄"等，左中右结构的字有"掰""街"等，品字形结构的字有"森""众"等。

汉字的笔画包括横、竖、撇、捺、折等，是组成汉字的最小构成单位，是不间断的不同形状的点和线。笔画是按照严格的顺序和规律书写的，称为笔顺，一般楷书的笔顺基本规则按照先横后竖，先撇后捺，从上到下，从左到右，先外后内再封口，先中间后两边的规律书写的。汉字在使用不同书体的时候，笔顺可能会发生变化，如部分汉字的楷书体和行书体的笔顺并不相同。日常使用的电子文档一般使用三种字体，一种是宋体及其演变体（如大标宋、小标宋等）、黑体及其演变体（如大黑、粗黑等），是宋代为适应印刷术的发展而产生的；另一种是楷体、仿宋体、隶体等由书法演变而来的；还有一种是经加工、美化、装饰产生的美术字体。

## 【美苑撷趣】

### 汉字的笔画

笔画最少的汉字只有一划，有的汉字笔画很多，比如右图中的"biáng"字。这个字是陕西省一种特色小吃的代名词，该字一共有 57 画，比较难以记住。因此人们为了能够更快记住这个字，还专门编了其写法的顺口溜：一点飞上天，黄河两道弯，八字大张口，言字往里走 。东一扭，西一扭，左一长，右一长，中间坐了个马大王。心字底，月字旁，打个钩钩挂麻糖，推个车车逛咸阳。

### 3. 汉字的特点

汉字是世界上至今仍在使用的最古老的文字之一。早在公元前 14 世纪，汉字已经具备相当成熟的体系了，是延续至今仍被全球华人所广泛使用的文字。

汉字是由我国古代劳动人民在长期的生产实践和文化发展中创造出来的。汉字由图画起源，经历了甲骨文和金文等象形文字，到秦代以前的大篆，秦统一六国后开始使用小篆，后在汉代形成成熟的隶书，隶书的出现使字体发生了实质性的转变，为后世楷书、草书、行书等书体的出现奠定了基础。就这样汉字一直绵延不断，成为人类文明史上使用寿命最长的文字，是各大文明古国文字体系中唯一传承和使用到现在的文字，也是世界上通行面最广、使用人数最多的文字，在世界文字体系中享有崇高的地位。同时汉字是独立创造并独立发展起来的，没有依傍其他民族的文字，保持了强大的生命力。汉字的强大生命力使我们的文化、哲学、科学和历史等能够以文字的形式传承下来，中华优秀传统文化能够一脉相承，汉字功不可没。几千年来，汉字与中华文明的发展相辅相成，互相促进。汉字使中华文明绵延不绝，中华民族生生不息，也保障了汉字被持续和稳定地使用。

不同于其他文字，汉字可以成为艺术品，可以通过线条结构表现出构图美。因此除了交流和记录的功能之外，历代书法家们又让汉字具备了艺术的属性，成为一种高级的艺术品，形成汉字与绘画并驾齐驱的情形。许多著名书法作品已经成为国家的精神和艺术宝藏。

汉字更容易被辨识。由于人类在阅读时看到的总是二维的平面，而不是一维的线条，汉字的方块字具有直观性和表意性，使人能够一目了然，比阅读字母组成的文字具有更高的效率。同样单位的字符，汉字包含的信息量是世界上各种文字中最大的。

## 三、书法之美

### 1. 书法的历史

我国的文字已有五千多年的历史，与文字共同发展的还有书画艺术，形成了中华传统文化的独特内涵。与文字的演变相同，书画创造以图画和文字为基础，书和画使用的工具又相同。《历代名画记》在谈论文字和图画的起源时有这样的描述："是时也，书、画同体而未分，象制肇创而犹略，无以传其意，故有书；无以见其形，故有画"。可见书画从一开始就是一个整体，一个擅长表意，另一个擅长表形，二者相辅相成，共同发展。

书法艺术是我国特有的一种艺术形式，书法艺术在汉字出现的时候基本上就开始萌生了，到东汉时期成为一门独立的艺术形式。在最早的完整古文字系统中，从甲骨文和金文开始，字体就注重线条美感、造型对称，具备了书法形式美的基础。从商代到秦统一全国，形成了小篆，字体由繁到简，字体和字形更加美观。到魏晋南北朝时期，隶书的产生和发展使文字更加规范和普及，使得文字更加易于书写和阅读，书法的艺术性更加丰富起来。

（1）殷商甲骨文　甲骨文是殷商时期用来记录占卜结果或重大祭祀活动的文字，因其主要刻于龟甲或兽骨上，因此被称为甲骨文，这是目前发现的最早的成体系的文字。甲骨文在清朝光绪年间被发现，至今仍有很多甲骨文未得到有效释读。作为经过加工过的古汉字，甲骨文已经具备了书法的三个基本要素，即用笔、结字和章法。在这之前的文字符号中，此三种要素则不一定完全具备。比如商代的作品《祭祀狩猎涂朱牛骨刻辞》字形大小有致，字体富有变化，风格自然豪放，可以作为甲骨文书法的代表作品。甲骨文已经具备汉字结构的均衡、稳定和对称的特点及规律，字体从客观事物的模拟转变为含有艺术造型因素的形体，为今后的文字书写升华为书法艺术在形式上奠定了基础。

（2）钟鼎金文　在周朝，青铜器文化达到了一个辉煌的高峰，在青铜器上铭刻的文字，称为"钟鼎文"或"金文"。金文作为甲骨文的延续，甲骨文中整齐的直线在金文中转化为多变的曲线，使得字形更加圆润饱满，充满了生命力。西周后期，青铜器的制作愈加精美，金文的铭文也日趋成熟，当时出现了专门铭刻金文的文人。这时期的金文特点表现为字体圆润，转折处由方变圆，结构紧密且平正，形成稳定的规律，全篇的布局也显得纵横有矩，为后世书法艺术的用笔、结体和章法布局奠定了基础。如《毛公鼎》的铭文已经多达497字，表现出大篆圆润工整的特点。

（3）东周石鼓文　东周石鼓文是战国时期大篆的代表作品，产生于秦国，是我国目前能见到的最早的石刻文字。石鼓共有十只，每只鼓上都镌刻着大篆四言诗一首，内容为记录秦王游猎之事，故又称"猎碣"，现藏于北京故宫博物院。石鼓文是典型的秦国书风，为后来秦统一六国后小篆的出现奠定了坚实的基础。石鼓文（图4-9）是由线条组成的符号结构，已经没有了象形图画的痕迹，石鼓文的字体方正匀整、线条饱满，使其本身具有极高的艺术价值。石鼓文的书法结构已经接近小篆，其结构体现了秦国文字的特点，字体比较扁平，文字的形象和图画元素基本上消失了，更加体现抽象意义，偏旁部首的位置和写法也都得到固定。

（4）秦国小篆　秦统一六国后，开始用小篆作为统一的标准字体。小篆就是在大篆的结构上加以省略和改进，从大篆转变而来的。小篆吸收了金文的特点，还结合了其他六国的字体特征，实现了文字使用的统一，小篆成为一种正统字体。小篆构型更加严谨，字的空间和笔画的距离都有严格的要求。秦代小篆的代表作品有《泰山刻石》《琅琊台刻石》等，字体更加线条化，笔画无论横竖，都是粗细均匀，整体结构紧密环抱。小篆是秦朝官方统一的通行字体，书写较为复杂，多用于隆重的场合，使用范围较小。

图 4-9　石鼓文

而秦代的古隶书则普遍地应用于官府公文和民间，成为篆书的一种辅助字体。

（5）汉代隶书　隶书从秦代开始逐渐发展，汉代是汉字书法发展史上的重要时期。在汉代，文字首先由篆书向隶书转变，这一过程被称为"隶变"。汉字书法由篆书转变为隶书，形成如今所使用的汉字的雏形。隶书形成后，又出现了章草、楷书和行书。到汉代末期，我国的各种书写字体已经基本形成并定型。在汉代隶书是主要被使用的书体，当时的笔法日渐成熟，不同书法名家百花齐放、流派纷呈、风格多样。现代所保留的各种汉碑中，各种隶书作品各具特色、辉煌夺目。在隶书成熟的时期，隶书的写法发生了变化，出现了章草、行书，也为晋代的行草及狂草奠定了基础，楷书也在隶变过程中萌芽。现在能够看到的隶书，除了少数的碑刻外，多数是出土的竹简和帛书，如马王堆汉墓竹简，填补了秦至汉书法真迹的空白。汉隶多用方笔，行笔存在轻重缓急，体现出粗细变化和顿挫韵律，起笔藏锋，给人以飞动灵巧的美感。

（6）书派纷呈　西汉时期书派纷呈，隶书、章草、楷书、行书等相继出现，为书法的发展开拓了更广大的视野和领域。隶书是汉代通用的书体。隶书将篆书的曲线简化为直线，化繁为简，书写更加简易，被广泛使用。同时也为其他书体的演变提供了便利，使楷书、行书、草书在三国两晋时期形成。汉代的草书是从隶书的快速书写的过程中演变而来的，被称为"章草"，如《永元器物簿》（图4-10）中的书体，用笔书写已经呈现出章草的特点。楷书也称真书，在西汉时期就已形成楷书，楷书同样是由隶书演变而来的，在书写时省略了隶书的蚕头燕尾和笔势。行书是在汉代隶书、章草的发展阶段同时出现的，行书是介于楷书和章草之间的书体，因为行书较草书具有易于辨认的优势，较楷书具备书写快速的便利，因此成为人们喜闻乐见的书体，被民众所广泛接受。

### 2. 我国书法的代表人物

在汉朝各类书体形成并定型后，书法艺术开始长足发展，出现了许多书法代表人物。

（1）钟繇　曹魏时期，书法成为表现个人修养和性格的重要方式之一，受到当时知识分子的偏爱。书法艺术从魏晋时期开始普及和发展，涌现出了众多历史上著名的书法家，钟繇就是其中的代表人物。钟繇是曹魏时期的重臣，擅长隶、楷、行、草，尤其在楷书方面成就突出，他改变了汉代以来隶书的书写规矩，促进了真楷的进一步定型，如钟繇的《宣示表》（图4-11）体现了对楷书这种书体的完善，在楷书的推广上起到了巨大作用。钟繇与汉代草圣张芝并称"钟张"，又与晋代王羲之并称为"钟王"，体现出其承上启下的重要作用。

图4-10　《永元器物簿》书体　　　　　　　　　图4-11　钟繇楷书《宣示表》

（2）王羲之　王羲之生活在东晋时期，被后世称为"书圣"，其作品代表了魏晋时期的最高水平，是我国书法史上承上启下的一座重要里程碑，其成就主要体现在行书和草书上。行书和草书在魏晋时期是一个逐渐完善和发展的时期，王羲之将前人和当时文人名士的作品进行融汇和改进，形成了一种崭新的字体风貌。在他的楷书《黄庭经》《乐毅论》、行书《兰亭序》《姨母帖》（图4-12）等著名作品中，用笔的粗细轻重、线条的方圆曲直都能做到变化无穷、遒劲自然。王羲之的书法作品中，对后世影响最大的是被称为"天下第一行书"的《兰亭序》。尽管《兰亭序》真迹的下落扑朔迷离，但其书法价值是公认的，从其摹本中即能印证。其书法清秀、行笔流畅，章法布局浑然一体，全篇有二十个"之"字和七个"不"字，同样的字各具特点，无一雷同，体现出作者创造的书法新面貌，足见他的书法造诣之深。

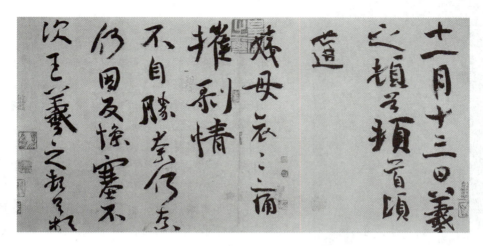

图 4-12　王羲之行书《姨母帖》

（3）王献之　王献之是王羲之第七子，王献之不仅继承了父亲的笔法风格，并且加以创新，其作品灵动俊秀，与王羲之并称"二王"。王献之能够和王羲之并驾齐驱、各有千秋，也是其本人的传承和创新所致。王献之的楷书代表作品有《洛神赋》，行书代表作品有《鸭头丸帖》（图 4-13）和《中秋帖》，草书作品有《十二月帖》，其作品圆润自如、笔意流畅，比王羲之更加强调创作的自由氛围。

（4）初唐四大家　初唐四大家包括欧阳询、虞世南、褚遂良、薛稷。

虞世南曾向智永禅师学习书法，得"二王"真传，是唐太宗的书法老师。其楷书特点是字体具有"君子"的秀美圆润，笔势方圆兼具。其楷书代表作如《孔子庙堂碑》，用笔横平竖直、圆润遒劲、字形端庄，体现出其"君子书法"的特征。

欧阳询经历陈、隋、唐三代，他的楷书和行书在王献之的基础上，将北方碑帖的挺拔刚劲融合其中，形成独特的书体结构和空间构成。其楷书的特点是以方为主、精瘦挺拔，其代表作如《九成宫醴泉铭》被称为唐楷最高典范，书法严谨、用笔方正，将北朝书法融入其中，形成了峻峭的风骨，而在结构中又形成了严密疏朗的空间美感。

褚遂良因擅长书法参加朝政，后成为唐朝宰相，其书法明显保留了北碑的影响。他的作品《雁塔圣教序碑》在字体结体上进行了创新，将欧阳询和虞世南的长形字体进行改造，创造出一

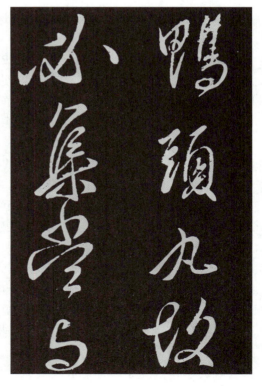

图 4-13　王献之行书《鸭头丸帖》

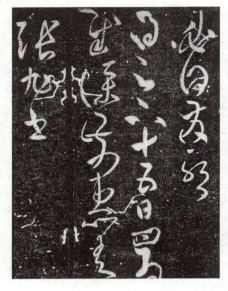

图 4-14　张旭草书《十五日帖》

种看似纤瘦实则饱满的字体，运笔方圆兼具，笔画表现出明显的节奏感，为唐代楷书开创了一个崭新的类型。

薛稷是"初唐四大家"中唯一的北方人，曾在唐睿宗时期任礼部尚书、太子少保。他的楷书作品有《升仙太子碑》《信行禅师碑》等，其书法的特点接近褚遂良，但笔道更加刚直，字形偏长，总体上流露出一种独特的艺术情趣，因而也自成一家。

（5）张旭、怀素　张旭和怀素在草书方面进行了大胆创新，是草书革新的代表人物。他们创作的狂草作品，在结字和章法上善于大胆突破，让人耳目一新。唐代草书的革新和发展，打破了当时楷书一家独大的局面，丰富了我国的书法艺术形式。张旭和怀素的草书作品，在浪漫主义风格中又蕴含着扎实严谨的技法，达到了前无古人的高度。如张旭的《十五日帖》（图4-14）和《晚复帖》等，字体勾连缠绕，线条厚实饱满，结构新奇多变，像优美的舞蹈动作，但同时又非常合乎法度，所有点画都符合规矩。又如怀素的《自叙帖》《圣母帖》等，其笔下的线条近乎风驰电掣，给人以奇异变换的意象，他创造性地将篆书融入草书中，借助连笔牵丝，出色处理各个局部，给人赏心悦目、开阔心胸的感觉。张旭和怀素的狂草影响了后世大批的书法家。

（6）颜真卿　颜真卿出身于重视书法艺术的士大夫家庭，他历仕唐朝四位皇帝，官至节度使、尚书。颜真卿的书法是一个完备的整体，不仅在行草上有着很高造诣（图4-15），而且在楷书方面兼收并蓄，达到了前无古人的艺术境界。其作品《裴将军诗》《争座位帖》气势恢宏，体现了其刚劲耿直的人格，有的在楷书中夹杂行草，显得更加有生气。通过推陈出新，不断进步，形成了独树一帜的颜体，突破了"二王"至初唐四家楷书的优柔娟美的特点，给人以健壮宽厚的美感。

（7）柳公权　柳公权出身于官僚士大夫家庭，曾为唐代三朝皇帝侍书，起初学习王羲之的书法，后吸取欧阳询和颜真卿的书法特点，形成独树一帜的"柳体"，与颜真卿齐名称"颜柳""颜筋柳骨"。柳公权以楷书著称，与欧阳询、颜真卿、赵孟頫并称"楷书四大家"，其代表作有《玄秘塔碑》（图4-16）和《冯宿碑》等。柳公权的字体改变了颜体肥壮的竖画，横竖均匀而瘦硬，吸取了北碑中棱角分明的长处，又结合了南派楷书

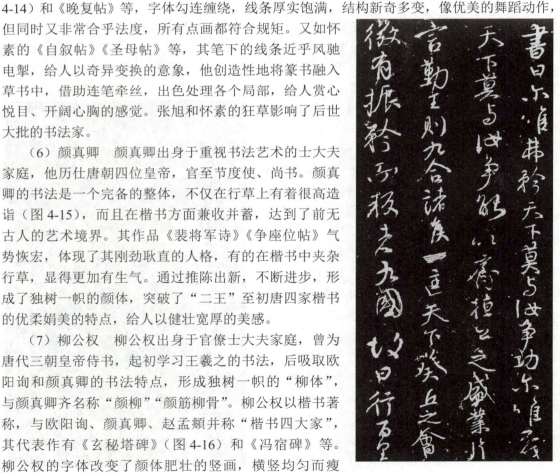

图 4-15　颜真卿行草《争座位帖》

结体上的紧密瘦硬，字体严谨端庄，整体干净利落，具有明显的结构观念和构筑意识。

（8）北宋书法"四大家"　包括苏轼、黄庭坚、米芾、蔡襄。苏、黄、米擅长行草，蔡襄以楷书见长。

苏轼是书法"尚意"的首创者，苏轼多方面的文学和艺术成就，在宋朝几乎无人超越。其书法作品有《天际乌云帖》《黄州寒食寺帖》等，书法结字变化极其丰富，创作风格在融会贯通后自成一家。黄庭坚在诗、词、书、画等方面具有很高成就，与张耒、晁补之、秦观都游学于苏轼门下，合称为"苏门四学士"，其代表作有《诸上座帖》（图4-17）和《王长者墓志铭》等，开创出了中国草书的又一新的境界。米芾是北宋富有创造力的书法艺术家，其作品有《叔晦帖》《蜀素帖》等，书法酣畅淋漓、清新流畅，其中《蜀素帖》被后人誉为

图4-16　柳公权楷书《玄秘塔碑》

"中华第一美帖"。蔡襄的代表作品如《谢赐御书诗》《万安桥记》等，秀美规整，端庄沉着，笔画丰润柔和，整体结构文静整洁。

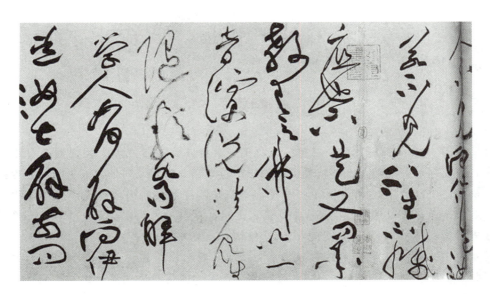

图4-17　黄庭坚草书《诸上座帖》

（9）赵孟頫　赵孟頫是元代书法界的领袖人物，是宋太祖第四子的后裔。他的代表作有《洛神赋》（图4-18）和《归去来辞并序》等，其笔意结构像"二王"法度，书体开朗潇洒。他将书法中的晋理、唐法、宋意集于一身，在博采众长的基础上形成了独具特色的赵体。

【美的思辨】

比较不同字体的书法，看看有什么不同的特点，谈谈你的认识。

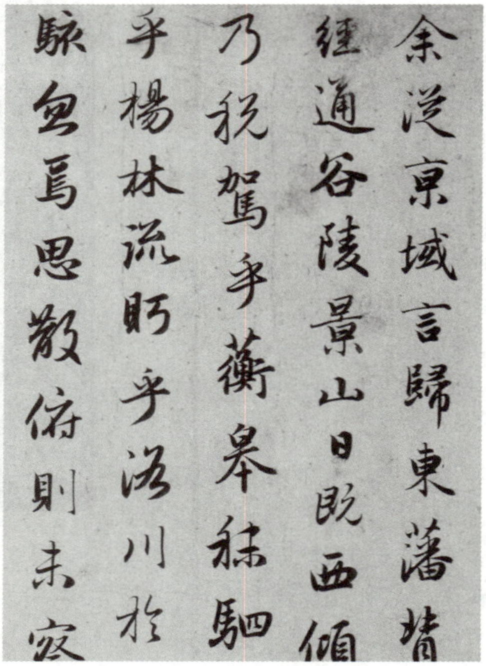

图 4-18　赵孟頫行书《洛神赋》

## 【美的拓展】

### 滕王阁序

唐 王勃

　　豫章故郡，洪都新府。星分翼轸，地接衡庐。襟三江而带五湖，控蛮荆而引瓯越。物华天宝，龙光射牛斗之墟；人杰地灵，徐孺下陈蕃之榻。雄州雾列，俊采星驰。台隍枕夷夏之交，宾主尽东南之美。都督阎公之雅望，棨戟遥临；宇文新州之懿范，襜帷暂驻。十旬休假，胜友如云；千里逢迎，高朋满座。腾蛟起凤，孟学士之词宗；紫电青霜，王将军之武库。家君作宰，路出名区；童子何知，躬逢胜饯。

　　时维九月，序属三秋。潦水尽而寒潭清，烟光凝而暮山紫。俨骖騑于上路，访风景于崇阿；临帝子之长洲，得天人之旧馆。层峦耸翠，上出重霄；飞阁流丹，下临无地。鹤汀凫渚，穷岛屿之萦回；桂殿兰宫，即冈峦之体势。

　　披绣闼，俯雕甍，山原旷其盈视，川泽纡其骇瞩。闾阎扑地，钟鸣鼎食之家；舸舰弥津，青雀黄龙之舳。云销雨霁，彩彻区明。落霞与孤鹜齐飞，秋水共长天一色。渔舟唱晚，响穷彭蠡之滨；雁阵惊寒，声断衡阳之浦。

　　遥襟甫畅，逸兴遄飞。爽籁发而清风生，纤歌凝而白云遏。睢园绿竹，气凌彭泽之樽；邺水朱华，光照临川之笔。四美具，二难并。穷睇眄于中天，极娱游于暇日。天高地迥，觉宇宙之无穷；兴尽悲来，识盈虚之有数。望长安于日下，目吴会于云间。地势极而南溟深，天柱高而北辰远。关山难越，谁悲失路之人？萍水相逢，尽是他乡之客。怀帝阍而不见，奉宣室以何年？

嗟乎！时运不齐，命途多舛。冯唐易老，李广难封。屈贾谊于长沙，非无圣主；窜梁鸿于海曲，岂乏明时？所赖君子见机，达人知命。老当益壮，宁移白首之心？穷且益坚，不坠青云之志。酌贪泉而觉爽，处涸辙以犹欢。北海虽赊，扶摇可接；东隅已逝，桑榆非晚。孟尝高洁，空余报国之情；阮籍猖狂，岂效穷途之哭！

勃，三尺微命，一介书生。无路请缨，等终军之弱冠；有怀投笔，慕宗悫之长风。舍簪笏于百龄，奉晨昏于万里。非谢家之宝树，接孟氏之芳邻。他日趋庭，叨陪鲤对；今兹捧袂，喜托龙门。杨意不逢，抚凌云而自惜；钟期既遇，奏流水以何惭？

呜乎！胜地不常，盛筵难再；兰亭已矣，梓泽丘墟。临别赠言，幸承恩于伟饯；登高作赋，是所望于群公。敢竭鄙怀，恭疏短引；一言均赋，四韵俱成。请洒潘江，各倾陆海云尔：

滕王高阁临江渚，佩玉鸣鸾罢歌舞。

画栋朝飞南浦云，珠帘暮卷西山雨。

闲云潭影日悠悠，物换星移几度秋。

阁中帝子今何在？槛外长江空自流。

## 【向美而行】

组织一次诗文诵读比赛，请同学们选择自己喜欢的诗篇进行朗诵。朗诵时体会这首诗词在语言、意境或表达手法上美的地方。

4-1 辞章文字美学——苏轼

# 第五章

# 山水的美学

【学习目标】

- 知识目标：让学生了解生态之美和风景之美，树立生态审美观。
- 能力目标：培养学生保护生态美的意识和行动，通过日常生活的践行，进一步促进人与自然的和谐发展。

【素质目标】

使学生树立人与自然和谐共存的理念，进而推动人与自然生态文明的发展，追求诗意生存状态。

我国拥有广袤的国土，自然景观丰富，"好山好水好风光"，祖国大好河山的生态美、风景美滋养着华夏儿女的心灵，塑造了他们独特的气质与情怀。

## 第一节　生态的美学

人法地，地法天，天法道，道法自然。

——老子

【美的赏析】

在中学语文课本中，东晋陶渊明的《桃花源记》描绘了"桃花源"安宁和乐、自由平等的生活。作者以美好静雅、"芳草鲜美，落英缤纷"的桃花林作为铺垫，引出一个充满生机与美好的世界。"土地平旷，屋舍俨然，有良田、美池、桑竹之属。阡陌交通，鸡犬相闻。其中往来种作，男女衣着，悉如外人。黄发垂髫，并怡然自乐。"文中的"桃花源"描绘了"小桥、流水、人家"最为纯粹的生态美，完美展示了一幅人与自然和谐共生的美好画卷，表达了作者追求美好生活的理想。

【美的视线】

# 一、生态美

### 1. 生态美的定义

生态美是指在自然生态系统中，各种生物之间和生物与环境之间协调的、和谐的、美丽的状态。它包括清新的空气、清澈的水源、茂盛的植被、多样的动物种类等，表达的是客观自然界所呈现的美，是自然物所具有的能够令人愉悦的属性，可以说是人类精神的源泉。

生态美体现了生态系统的稳定性、完整性和生物多样性，反映了自然环境的美丽和健康，同时也是人类文化与历史传承的重要与美好的体现。

生态美还是人与自然和谐共生、可持续发展的一种理念，强调保护环境和生态系统。生态美不仅可以提升人们的生活质量，更是推进生活方式向文明、健康和科学方向发展的必不可少的助力。维护生态美不仅是保护人类健康和福祉的关键，也是保护地球上其他生物和生态系统的责任。

### 2. 生态美的表现

生态美指自然环境的和谐与美丽，内涵十分丰富。生态美的表现主要包括：

（1）自然景观美　生态美的最基本形式是自然景观美，即来自山地、湖泊、大海、河流、沙漠、冰川等自然元素的景观美。这种美感来源于自然美景中的形态、色彩、光影、声音、气息等。

（2）生态过程美　生态系统中的循环过程，物质转换、能量传递、气候变化等过程也带来生态美。例如，河流的季节性改变、红枫的变色等，都是生态美的体现。

（3）美食美　生态系统中的生物多样性，为人们提供了丰富的美食，如新鲜水果、海鲜、蔬菜等。这些食物不仅美味可口，而且对身体健康有益。

（4）健康美　生态美与健康息息相关。生态系统的优良状态直接关系到人类健康，如水质、空气质量、土壤质量等都对人类健康产生重要影响。拥有优美的自然环境和生态系统，将使我们愉悦而健康地生活。

（5）心灵美　生态美促进精神美。生物丰富的生态系统可以引起人们的灵感和想象，启迪人们的内心，促进自然的思考和感悟，让人们从中寻找快乐和内心的平静。

由此可见，生态美强调人与自然之间的和谐共生关系，强调保护自然环境、生态系统和生物多样性。这样可以让人们更好地享受生态环境的美好，保证人类长期的生存和发展。

### 3. 生态审美的历程

从美学发展历史的角度看，古人对自然生态美的欣赏过程分为三个阶段。第一阶段为原始社会的"致用阶段"。人们对自然的欣赏大都考虑实用性，多表现在与生产生活紧密相连。比如，属于新石器时代仰韶文化的半坡彩陶，以动物形象和纹样居多，说明古人类对重要食物来源有深厚的情感，也说明这个时期的人类基本上是以是否"致用"来审美自然事物的。第二阶段为先秦"比德"阶段。随着商周时期生产力的发展和物质的丰富，人们不再拘泥于从物质功利的观点来对待自然物了，而是把它们同精神生活、道德观念联系起来，把自然物作为人的道德品质的象征来加以欣赏。孔子是"比德"观点的代表，他认为"知者乐水，仁者乐山"关键在于山水与人的道德品质的联系。第三阶段为魏晋南北朝"畅神"阶段。这一时期兴起了山水诗画艺术，标志着自然美的大觉醒。山水诗由东晋陶渊明的田园诗发端，在陶渊明的诗中，自然事物只是一个恬淡怡人的环境，"采菊东篱下，悠然见南山"表现的是人与自然融于一体的和谐的审美境界。

中国人自古以来对自然生态的感悟可以说是深刻而独特的，人们通过与自然的亲近与观察，发现了宇宙的规律和人与自然的关系，形成了"天人合一"等一系列思想。

尤其是近现代以来，随着地球环境变化和生活节奏的加快，人们对自然生态美的需求越来越迫切。进入新时代，人民群众对优美生态环境的需要更加强烈，人与自然生命共同体意识深入人心。国家把生态文明建设纳入中国特色社会主义事业"五位一体"总体布局，明确提出大力推进生态文明建设，努力建设美丽中国，实现中华民族永续发展。后来更是把尊重自然、顺应自然、保护自然作为全面建设社会主义现代化国家的内在要求，强调必须牢固树立和践行绿水青山就是金山银山的理念，站在人与自然和谐共生的高度谋划发展，促进人与自然和谐共生。

## 二、生态美的赏析与践行

### （一）生态美的赏析

人们认为自然是美的源泉，它的一切都是自然而然的美。自然界的每一个生物、每一个景观都有其独特的美。自然的山川河流、花草树木、季节变换等都给人们带来美的感受。这种美让人们心旷神怡，感受到生命的韵律和丰富多样性。历代文人墨客咏诵自然之美为我们留下了美丽的诗篇和灿烂的山水文化，这些均源于对自然之美的感悟和审美愉悦。因此，自然界的美并不仅仅是视觉上的享受，更是心灵的触动。在自然界中，不同生物相互依存，遵循着一套生态法则，强调相互关爱与和谐共处。例如，大多数动物会互相照顾、保护自己的子女。自然界中生物之间的互动是一个复杂的网络，一个环节的改变可能会对整个生态系统造成巨大的影响。自然界的美让人们感受到生命的多样性和韵律。保护和尊重自然是人类的道德责任，只有通过与自然和谐相处，我们才能真正体验到自然的美。因此，人们在与自然界互动时，应该学习借鉴自然的美，追求真、善、美的品质，以实现自己的修身养性，也需要承担一定的道德责任，保护自然环境并遵守自然规律。

### （二）生态美的践行

生态美不仅可以增强人们的生态意识，保护环境，还可以提升人们的幸福感和对自然环境的体验，需要人们从改变生活方式到参与行动，通过每个人的努力，共同打造好环境，用实际行动创造出一片属于人与自然和谐共生的美丽天地。

### 1. 加强自然探索，提高审美能力

到公园、自然保护区、森林、海滩等自然环境中进行探索。欣赏自然界中的不同景观，观察自然界的季节变化，感受四季的变化和自然界的生态平衡，记录下自然界中的美景和其他有趣的相关信息。

### 2. 减少能源浪费，促进循环经济

尝试通过节约能源的方式降低自己的碳排放量，例如改用节能电器、减少开机时间等降低消耗。回收利用废旧物品，减少物品的浪费和垃圾的产生，参与再生，促进资源的再利用。

### 3. 选择低碳生活，减少环境污染

推广生态生活和绿色消费，降低对环境的负面影响。例如，避免使用化学清洁剂和氯漂白剂，使用环保清洁剂和天然清洁剂等减少污染。避免使用一次性塑料制品，选择乘坐公共交通工具，选择环保酒店，购买环保产品等，尽可能降低环境压力。

### 4. 保护传承绿色，共建生态文明

践行"绿水青山就是金山银山"理念，让保护大自然"绿色"信念在我们心中扎根永存，种植树木和花草，增加绿化面积、净化空气，共营生命绿色，共建生态文明。

### 5. 参与环保组织，积极志愿活动

参加垃圾清理、监测或物种保护等环保活动。通过个人或组织的力量推广环保知识，提高公众对生态环境的关注和保护。

我们只有树立生态审美观，坚持人与自然和谐共生的发展理念，追求诗意生存状态，才能推动人与自然生态文明的和谐发展，实现人与世界的美美与共。

## 【美的思辨】

请谈谈你对生态审美观的理解。

# 第二节　风景的美学

知者乐水，仁者乐山；知者动，仁者静；知者乐，仁者寿。

——《论语·雍也》

## 【美的赏析】

董宇辉主持的文旅节目《阅山河》火爆网络，很多人跟随着董宇辉的脚步领略了祖国大江南北的自然风光、历史文化以及风土人情，董宇辉的介绍让人们在领略山水美景的同时，也增加了对历史文化的感悟，进一步激发了人们对祖国的热爱。

## 【美的视线】

## 一、风景美

风景美是一种观赏性的美，是以自然景观为基础，融合人文景观的整体形态的美，是在视觉、听觉等感官上所感受到的美丽景色，通常由大自然中的自然景观或人类创造的人文景观共同呈现。风景美包括一定区域内山水、森林、草木、动物等自然物、自然景观的美，还包括在这个区域出没的日、月、云、雾等气象条件的美以及点缀在自然景物中的城市、建筑群、花园、公园、亭台楼榭等人文景观的美。它是由多种因素、多种成分融合为一体的综合美。同时，风景美基于观察者的个人感受，它不仅与环境因素相关，还与文化、历史和社会因素有关。

### （一）风景美的特点

一是具有鲜明的自然感性特征。风景美的"雄""险""奇""秀""幽"等自然特征，通过其具体的形状美、色彩美、声音美、动态美等感性形态使人产生强烈美感。

二是人文景观与自然景观相协调。许多独具特色的风景区，建筑物的整体布局和单体设计都注重依山就势、顺应自然。同时注意充分利用自然空间，与环境和谐一致，恰似浑然天成。例如山西恒山的悬空寺、华山的南天门、苍岩山的桥楼殿等都具有"点睛"之妙。

### （二）风景美的构成

#### 1. 自然美

大部分的风景美都源自大自然，如森林、山脉、海滩、瀑布、河流、湖泊等。在山水之中，因为有花草树木而生机勃勃、多姿多彩，因为有虫鱼鸟兽而姿态万千、趣味横生。人们在雄伟、壮观、神秘、美丽、和谐的景色中，伴着水气、露气、花气，馨香入鼻，充分感受空气清新、环境雅致、宁静美丽、生机盎然的绿色空间，领略风景的一派生机之美。

#### 2. 人文美

人类通过对自然的改造和利用，也可以创造出美丽的人文景观，如古建筑、现代建筑、花园、园林、公园等。这些景观以其艺术价值、历史价值、文化价值、社会价值等方面得到广泛认可。

#### 3. 色彩美

景色的色彩是产生美感的一个重要因素。色彩的互动、渐变、协调和反差都可以产生有吸引力的视觉效果。在自然的景色和人类创造的景观中，有各种各样的色彩，如宁静的蓝色、热烈的红色、神秘的紫色等。

#### 4. 形态美

景色的形态是给人以美感的形状、线条、曲线和结构。形态以其吸引人眼球的特点，在风景中扮演了至关重要的角色，吸引了很多人的注意。例如，山峰、岩石、瀑布和河流等的形态。

### 5. 空间美

景色中的空间结构直接影响视觉的感染力，大自然中的景色通常包含了体积、深度、高度等空间元素。人类创造的景观中也常常通过把空间安排得有机、灵活、明快等方式来获得好的空间美感。

## （三）风景美的表现

### 1. 自然风景美

祖国的大好河山养育了我们，既是我们的心灵归属，也是我们的审美基础。古人曾用拟人的手法，生动地描述了各自然要素在风景构成中的作用：风景以山为骨骼，以水为血脉，以草木为毛发，以云雾为服饰。大自然的组合让风景更加动人，可谓"山得水而活，得草木而华"。

（1）山之美　我国名山众多。山的美在于其壮丽、雄伟、奇特的地貌；山峰的高耸、峻拔，如剑立于天际；山谷的深邃、幽静，宛如仙境。这些壮丽的景象给人以无尽的遐想和震撼。我国素有五岳归来不看山之说，五岳代表了中国名山的风姿，泰山雄伟、华山险峻、衡山秀美、恒山幽静、嵩山峻逸。我国是崇尚山的国家，和山相关的文化符号比比皆是，比如"仙"字，会意了隐居、修炼的深山环境，充分说明了"山不在高，有仙则名"。名山幽美静谧，宁静而致远，人与自然和谐相处，形成共同的气质，同时在一定程度上维护了名山的自然生态。"高山仰止，景行行止。"中国人自古就爱山、敬山、崇山、朝山，对山有着特殊的情感。山承载着丰富的文化内涵和象征意义，是精神的寄托、文学的源泉、宗教的圣地、隐士的家园。山又深藏着无数的自然奥秘：记录着地球的历史、地质地貌的成因、生物的神奇……

#### 泰山

泰山（图5-1）又称岱宗，即万代山岳之宗，有"天下第一山"的美誉。泰山雄伟的自然景观与历史悠久的人文景观完美结合。作为五岳之首、历代帝王封禅祭天之地，泰山以

图 5-1　泰山

"朝天"为中心的整体构思，表达了中国美学思想中"和"这一核心美学范畴，展现自然景观与人文景观之间的和谐。泰山的精神文化渗透和渲染以及人文景观的烘托已经历了数千年之久，据历史记载，先后有 12 位帝王亲临泰山封禅。司马迁留下"人固有一死，或重于泰山，或轻于鸿毛"的名言，杜甫则留下了"会当凌绝顶，一览众山小"的千古绝唱，毛主席则提出了"为人民利益而死重于泰山"。中华民族悠久而灿烂的文化历史长河，使气势磅礴的泰山与长城、长江、黄河齐肩！泰山不仅是一座自然山、风景山，更是一座信仰山、文化山和精神山。自然风光与人文内涵相得益彰，使得泰山成了联合国教科文组织认定的世界文化与自然遗产。

（2）水之美　水的美在于其柔和、流动和变化无穷。江河奔腾澎湃，湖泊波光粼粼，瀑布如银河倾泻而下，海洋浩瀚无垠。水的美既给人以宽广和包容的感受，也让人感受到宁静与和谐的力量。

古人对水的描绘美不胜收，既有"日出江花红胜火，春来江水绿如蓝"的宁静祥和，又有"君不见，黄河之水天上来，奔流到海不复回"的恢宏气势。

我国水资源丰富，造就了多种多样的水体景观，成为风景审美活动的重要观赏对象，水体景观的审美一般表现在以下方面：

① 自然美。水在自然界表现出不同的形态，展现各自的韵律。正如北宋画家郭熙所言：山得水而活，水得山而媚。

海洋、江河、流泉、瀑布和外流湖泊，多以动态为主。黄河劈开黄土高原，一路滚滚而下；长江穿越三峡，水流湍急。黄果树瀑布百米宽的水帘激起了漫天银雾，庐山三叠泉的水流好似白练腾空飞舞。海洋则以苍茫无垠震撼人心，将辽阔推向了极致。江河咆哮、瀑布轰鸣、溪水潺潺、泉水叮咚、海浪声声，都给予人不同的声音美感和心灵触动。内陆湖和部分淡水湖，则以静态为主。被誉为"大西洋的最后一滴眼泪"的赛里木湖，如同一颗晶莹的蓝宝石，静卧在新疆天山的怀抱中。而杭州西湖美景则被誉为"晴中见潋滟，雨中显空蒙"。

在光线的作用下，水自身流转能产生美妙无比的光学现象，令人赏心悦目。宋代范仲淹称洞庭湖的景色是"上下天光，一碧万顷"。水将万物倒映成影，从而使水上与水下、岸边与桥头、实物与虚影相互辉映，构成美不胜收的画面。"水从碧玉环中过，人在苍龙背上行"，这是对天下第一桥——赵州桥倒影的形象写照。

② 生态美。江河被称为流动的生态廊道，长江流域栖息着中华鲟、江豚等珍稀物种；而在贵州赤水大瀑布区域，被称为恐龙时代"活化石"的桫椤群落，在终年湿润的环境中散发着勃勃生机。

湖泊是水陆生态的过渡带，太湖的水草床滋养着无数的银鱼和白虾，青海湖鸟岛每年聚集数十万只候鸟，形成遮天蔽日的生命奇观。海洋更是地球生命的摇篮，在大堡礁的珊瑚丛中穿梭着色彩缤纷的鱼群，在北极冰海下庞大的鲸鱼正吞食着磷虾。

③ 文化美。江河湖泊、泉水海洋都承载着华夏智慧。黄河流域诞生的仰韶彩陶、长江流域的良渚玉琮，都承载着华夏先民古老的文明。李白笔下"飞流直下三千尺"的庐山瀑布，隐喻着文人的浪漫狂想。西湖的"三潭印月"凝结着宋代造园艺术的智慧，湖北洪湖因一曲《洪湖水浪打浪》成为红色记忆的载体。济南趵突泉因"家家泉水，户户垂杨"成就了泉城

文脉，被乾隆御封为"天下第一泉"。海洋则是文明交流的通道，南海的水下考古，见证了古代海上丝绸之路的贸易往来。

从蜿蜒的江河到浩瀚的海洋，每类水体都是自然馈赠的美学标本与生态宝藏，其流动的曲线镌刻着地质变迁的痕迹，涌动的浪花里激荡着文明回响。当我们凝视瀑布飞溅的水珠、聆听泉水叮咚的韵律、眺望海洋翻涌的碧波，实则是在与地球46亿年的生命史对话，在水体的三重美中，我们照见的是人与自然共生的永恒命题。

### 2. 人文风景美

人文景观，又称文化景观，是人们在生产生活中，为了满足物质和精神等方面的需要，在自然景观的基础上，叠加了文化特质而构成的景观。人文景观具有比自然景观更加丰富的内涵，是人类文明的产物，如悠久的历史、丰富的遗迹、典型的建筑、良好的城市规划及宜人的环境等。人文景观是一个城市或地区的历史文化和自然风景相结合的体现，更是其独有的魅力和魔力。

人文景观是社会环境的一面镜子，既可从中了解某地的物质文化环境，也可了解精神文化环境。人文风景美可以从各种角度体现，除了地区整体印象，还包括服饰、音乐、文化艺术、民俗等细节体验。例如，各地的博物馆都凝聚了当地重要的文物古迹和民俗民风，吸引着众多游客。我国有丰富的古典园林景观、宗教文化景观、民俗风情景观、文学与艺术景观、城镇与产业观光景观等，均可以深入领会多种多样的人文美。此外，传统节日也是展现人文风景美的重要因素。每年的春节、清明节、端午节、中秋节等，都有着不同寓意和重大意义，吸引着世界各地的游客前往体验。美食也是一个城市文化的重要组成部分，各地的特色菜肴和小吃也让游客流连忘返。文化景观主要分为两类：一类是生产和生活景观，如农田、道路、城市、村落、油田、棉田等；另一类是人类精神活动景观，如学校、法院、纪念碑、古岩画、长城、建筑等。主要的审美对象集中在以下类型：

（1）文物古迹  涵盖了所有具备历史价值、文化价值、科学价值、艺术价值、遗存在社会上或埋藏在地下的历史文化遗物和遗迹，包括历史文化遗址、古建筑、古园林、古石窟、古文化设施和其他古代经济、文化、科学、军事活动遗物、遗址和纪念物。例如，北京故宫、天坛，西安兵马俑，甘肃莫高窟以及象征我们民族精神的古长城，等等。这些闻名于世的游览胜地，都是前人为我们留下的宝贵人文景观。

（2）革命纪念地  老一辈革命家和人民群众从事革命活动的纪念地、战场遗址、遗物、革命旧址、纪念物等。例如，五大革命圣地之一的井冈山，除了具有如画的风景外，还有"中国革命的发源地""老一辈革命家曾战斗过的地方"这些人文因素，无疑使其成为特殊的人文景观。

（3）历史文化纪念地  名人和著名事件发生地也以其独有的文化气息吸引了大众。例如打造"鲁迅品牌"的旅游胜地绍兴，起主导作用的鲁迅故居、三味书屋、鲁迅纪念堂等就属于这类人文景观。

人类活动、文化元素和自然景观相互交融、相得益彰而形成了美丽景观，展现了历史文化和自然风光的完美结合，又展现了人类智慧与创造的现代文化。

## 二、风景美的赏析与践行

### 1. 风景美的赏析

风景审美是指人们对自然环境中美感的欣赏和领悟。这种审美不仅仅是基于感官的美，更多的是折射出了人们对生命、自然、文化和历史的理解和体验，是一种让人走近自然、了解自己的情感与智慧之旅。

具体来说，风景审美包括但不限于以下几个方面：

（1）对自然之美的感受和领悟　自然风光是构成风景美的重要元素，也是风景中最基本的元素，山川、水流、花草、树林、天空、日出日落等都能激发人们的感觉和情感。湖泊的清澈、山峦的奇特、花朵的绚烂、历史的厚重、建筑的巧夺天工都可以带给人们美的感受。人们欣赏风景，不仅是为了美的视觉享受，更多的是通过感受与自然交流、与生命互动，从而感悟到人与自然之间无以替代的联系。人类文明与自然环境的生态系统呈现着平衡和谐的状态。观赏自然美的时候，人们可以感受到大自然的完整和有序，如四季交替、日出日落等；欣赏人文美的时候，又可以感叹人类文明与自然高度相融、高度发展。

（2）对历史文化积淀的认知　风景美不仅是指自然环境中呈现出来的美丽景象，还包括人文特色、历史文化、社会风貌等方面的因素。其中，人文特色则是指各种传统习俗、民俗文化、建筑艺术等，如城市的古建筑、古道、古村落等。历史文化则是指历史遗迹、人文景观等，如长城、北京故宫、承德避暑山庄等。风景中常常有人文史迹、传统建筑、文艺创作等，这些都是历史、文化与自然融合的产物，人们从这些风景中体悟到历史的深度、文化的博大以及人类对自然资源的利用和保护。社会风貌则是指人们生活状态、社会现象等，如市井文化、民俗节庆等。这些元素都是构成风景美的重要组成部分，丰富了人们对风景美的认知和感受。风景不只让人们欣赏自然美，更能够展示文化、历史蕴含的宝贵意义。

（3）对艺术与审美的追求　人们欣赏自然美的时候，会感受到自然界的纯粹与无拘无束。风景也是艺术的载体，无论是绘画、摄影、文艺作品等，都能够通过对风景的表现传递出艺术家的情感和人文温度。人们欣赏风景，也是带着凝视艺术之美的眼光，寻找被情感、审美和思想震撼的灵魂印记。

对风景的审美是人们对自然之美的主观体验和情感表达，是需要我们用心感受、用脚步去丈量、用情怀去支撑的活动，是一种积极向往和享受美的心理状态。不仅能促进人与自然的和谐，还能带来美好的体验和人生价值。

### 2. 风景审美的践行

欣赏美丽的自然风景和人文景观是一种美好的体验，但是能够亲身参与、践行和保护这些要素胜过仅仅驻足欣赏，建议从以下角度着手践行。

一是保护环境。在旅游过程中，尽量减少对景区的污染，遵守游览规则，不随意破坏或乱扔垃圾，同时积极宣传和倡导环保意识。

二是体验自然。利用闲暇时间去自然景区或公园里散步、跑步、骑行或者尝试一些户外活动，仔细观察和亲身体验自然界中的景观、植物、动物等，聆听鸟鸣、风声、水流声等自然声音，感受大自然的美妙之处，与自然亲密接触，感受大自然的美好。

三是关注文化。在游览人文景区时，可以深入了解当地的历史文化、建筑风格等，并支持当地的文化产业和民间工艺品等建筑风格。加强阅读与学习，了解自然景观、人文景观的知识，尤其是在风景审美之前，可以事先了解其历史、文化和传说故事等，借鉴优秀攻略，加深对其审美的理解和欣赏。

四是参与保护和修复。可以加入环保组织或志愿者队伍，帮助景区进行环境保护和整治、稀有植物和动物保护等工作。积极参与自然保护组织的活动，如清理环境、种植植物等，亲身体验和参与保护自然美的行动。同时可以参与一些当地的文化活动，比如民俗表演、传统节日等，这样能更好地感受当地的风土人情；与当地人交流，了解他们对自然美景的认知和看法，可以获得更深入的体验和了解。

## 【美的思辨】

1. 你如何理解生态美与自然美的关系？
2. 请选择一处你喜欢的自然山水，谈一谈你对其审美的感受与认识。

## 【美的拓展】

### 无字之书中的诗意——自然旅行中的审美

旅行不仅是一种放松身心的方式，也是一种提升审美能力的途径。当我们畅游山水之间，通过不同的视角和景象，可获得更加丰富的审美体验。

在旅行中感悟人生，是一种探索世界的方式，更是一种享受生活的方式。它不仅仅是网红景点拍照打卡，更重要的意义是通过旅行实现对知识的吸取、思维的梳理乃至整个人生的提升。旅行中，人们可以了解到不同地域的自然风貌、人文历史和地方特色，有助于大家拓宽视野、增长见识，激发创造力和想象力。同时，旅行也是一种放松心情、减轻压力的方式，有助于提高身心健康，激发对生命和世界的敬畏和感恩，激发对生活的热爱。

在《行走的意义：行走中国漫谈》中有这样一句口号："行走中国，与天地相会，与人相会，与己相会。"通过旅行，人们可以与自然、人文和自己相遇，从而更好地提升自己。

如今，文化和旅游已深度融合，"诗和远方"走到了一起。以文化为经，以旅游为纬，让自然中的旅行更加有韵味、有内涵。"诗"是一种深层次的精神审美追求，"远方"是旅游活动所进行的时间过程和空间位移，在时空转换中，实现了对文化和精神世界的深度探索和体验。

人们都怀揣诗和远方去饱览祖国河山，深知自然这本无字之书是最好的美育课堂，以其独特的语言，向人们展示了大自然的美丽和神秘，也带给人们无限诗意。

旅途中，人们在欣赏大自然时，要全方位调动视觉、听觉、嗅觉、触觉和味觉，从整体上把握自然之美。大自然的色彩是丰富多彩的，大自然的形态是多样变化的，大自然的声音是和谐动听的，大自然的气味是清新芬芳的。

在旅行中，要有发现美的眼睛，当然不仅要关注自然的表面，还要深入观察自然的细节和内涵，发现自然中的奥秘和智慧，深刻理解其规律、原理、意义等内在因素，以及它与人类心灵的契合度和共鸣度。只有这样才能真正在旅行中领悟自然美的精髓，提升审美能力和水平，更好地实现人与自然的和谐共生。旅行中还要保持敬畏、感恩和开放的心态。敬畏提醒人们尊重自然的规律和生物多样性，不要破坏或污染自然环境。感恩提醒人们感谢自然给予我们的一切，从空气到水，从食物到资源，都是自然的恩赐，不要忘记回报或分享自然的美好和恩惠，要珍惜自然，保护自然，与自然和谐共处；感恩还意味着珍惜每一次旅行的机会，不抱怨困难和不顺，而是感受生活的多彩和丰富。开放意味着尊重每一处风景的独特和美丽，不拘泥于自己的喜好和习惯，而是尝试理解和欣赏不同的文化和风俗。只有这样才能真正地享受旅途中的每一刻，让每一处风景都成为人们心中的珍宝。

## 【向美而行】

好山好水好家乡，为了增加对家乡的热爱之情，开展"我为家乡代言"活动，请以代言人身份将家乡自然风光推介给大家。

5-1　山水的美学——生态之美

# 第六章
# 科技的美学

【学习目标】

● 知识目标：让学生了解设计之美与创造之美，认识到科技之美带给人类的巨大变化。
● 能力目标：培养学生的想象力以及工匠精神。

【素质目标】

让学生学会欣赏科技之美，喜爱科技之美，并为国家取得的巨大科技进步而自豪。

## 第一节　设计之美

设计不仅仅是外观，它是功能与美学的完美结合。

——斯蒂夫·约翰

【美的赏析】

长信宫灯（图6-1）是中国汉代青铜器中的杰作，其设计精妙，塑造了一名跽坐、双手持灯的宫女，神态宁静优雅，具有极高的审美价值。这盏灯"宫女"的身体中空，头部与右臂可以拆卸。当点灯时，通过"宫女"的右臂形成烟道，烟雾能被引导至"宫女"身体，不会散出，减少了烟尘对空气的污染。灯罩由两块弧形的铜板合拢而成，可左右开合，以调节灯光的照射方向与亮度。

长信宫灯不仅实用，而且美观，被称为"中华第一灯"。它的造型设计轻巧优雅，体现了古人超前的环保理念和科技智慧。

图6-1　长信宫灯

【美的视线】

设计是人类重要的生产、经济和精神活动之一，是人类文明的一部分，从衣食住行到娱乐消遣，从物质生活到精神生活，设计无处不在，它深深地影响着人们的生活品质和体验。设计也伴随着不同时期的科技的进步，经历了不同的设计形式。设计和科技这两个看似相互独立的领域，在现代社会中越来越紧密地联系在一起。设计作为一门艺术，不仅需要美感和创意，更需要在科技的支持下呈现更为出色的作品。

## 一、设计的意义

### 1. 设计的内涵

设计是一种有目的的创造性活动，旨在通过规划、构思、设想等方式，将人的某种意图或设想转化为具体的方案或产品形态。它涉及从概念的产生到最终成果的实现这一完整的过程。

美感是设计的核心要素之一，它让设计作品在视觉上引人入胜，让人产生情感共鸣，从而在心理上产生积极的影响。美感并不仅仅是指外观上的美丽，它还包括设计的平衡、比例、节奏、纹理、色彩、材质等因素的和谐统一。

一个好的设计作品，无论是在形式、色彩还是在布局上，都应该体现出一种独特的美感，让人们愿意接近它、欣赏它、使用它。随着科技的进步，设计也呈现出与时俱进的状态。

### 2. 设计的分类

按照构成世界的三大要素即自然—人—社会，设计主要分为三大领域：为了信息传达的设计——视觉传达设计，为了使用的设计——产品设计，以及为了居住的设计——环境设计。设计按行业主要分为工业设计、机械设计、环境设计、服装设计、网站设计、平面设计、影视动画设计、舞台设计等几个大类。

（1）视觉传达设计    这种设计主要依赖于视觉符号进行传达，视觉传达设计的过程是设计者将思想和概念转化为视觉符号形式的过程。视觉传达设计主要包含平面设计、广告设计、包装设计、视觉识别（VI）设计、网页设计、新媒体传播设计、用户界面（UI）设计、展示设计、影视设计、插画设计等方面的内容。

（2）产品设计    产品设计是一种将特定目的或需求转化为具体实物或工具的创新过程。它是一种将计划、规划、设想和问题解决方法通过特定载体展现出来的创造性活动。在这个过程中，通过线条、符号、数字和色彩等多种元素的组合，将产品的外观以平面或立体的形式展现出来。从生产方式的角度分类，分为手工艺设计和工业设计两大类。从设计性质的方式分类，分为式样设计、形式设计、概念设计。按产品的种类分类，分为家具设计、服装纺织品设计、日用品设计、家电设计、通信用品设计、交通工具设计等。

（3）环境设计    环境设计是针对建筑室内外的空间环境，通过艺术的手法进行规划和整合的实用艺术。它借助一定的组织和方法，对空间界面（如室内外墙柱面、地面、顶棚、门窗等）进行艺术化的处理（包括形态、色彩、质地等），并运用自然光、人工照明、家具、装饰品布置、造型等设计元素，以及植物、花卉、水体、雕塑等设施的配置，创造出具有特定氛围和风格的室内外空间环境，以满足人们的功能需求和审美享受。按空间形式，可将环境设计分为城市规划设计、建筑设计、室内设计、室外设计、公共艺术设计等。它主要包含室内、公共区域、景观、展示等方面的内容。另外，环境设计还包括舞台美术设计、展示 / 橱窗 / 店面设计、导视设计等。

## 二、现代科技影响下的设计之美

科技的发展对设计有着深远的影响，尤其是技术美、材料美、功能美方面影响巨大。

### 1. 技术美

技术美助力设计师发挥无限创意，设计出更为出色的作品。比如人工智能可以辅助设计师自动生成大量的设计方案，从而提高设计效率；虚拟现实技术（VR）、3D 打印、数字孪生等蓬勃发展的科技与设计的结合，将人们带到一个奇妙的世界，以前只能在电影和科幻小说中发生的事情，如今借助科技的力量，演变成为现实。

随着科技的飞速发展，信息传播媒介的日新月异，现代艺术设计已经发生了深刻变革。数字媒体技术的应用对艺术设计的影响尤为突出，它改变了艺术设计的语言表达方式、传播方式、传播媒介和分类方式，为设计师带来了前所未有的创新空间。

数字化设计技术的发展，使得设计师可以在计算机上完成复杂的设计工作，从平面设计到 3D 建模，都变得轻而易举，这不仅优化了设计流程，提高了设计效率，而且为设计师提供了更多的表达方式。例如，通过动画、交互式界面和虚拟现实技术，设计师可以将创意更直观地呈现给用户，提升用户体验。

（1）虚拟现实技术　虚拟现实技术可以使设计师在虚拟空间中工作，从而更加精准地进行设计。虚拟现实是一种实时交互式的三维环境，可以根据设计者的构想，产生一种酷似客观环境又超越客观时空，能沉浸其中又能驾驭的具有人机交互能力的信息展示方式。

在汽车设计领域，虚拟现实技术的应用为可持续性设计开辟了新的可能。利用虚拟现实技术，设计人员只需要戴上虚拟现实头盔，就可以身临其境地置身于虚拟汽车内部和外部，从各个角度观察设计细节。这样可以加强设计师对汽车整体和细节的把控能力，实时对整车车型和细节做出调整，以期达到最佳的状态。

虚拟现实的产生也为设计师带来了更广阔的设计空间，设计师们可以在这个虚拟环境中全方位地展示自己的设计成果。例如 2023 年杭州亚运会开幕式，在《钱塘潮涌》这一篇章中，人们看到了一个名为"数字赛场"的奇妙景象。这个虚拟的半球状穹顶以科技手段模拟出了篮球、足球等各种运动项目，仿佛一个巨型的科技装置笼罩在整个运动赛场上。这个穹顶不仅在视觉上营造出了一种震撼人心的立体空间感，而且还在不断地变化着，令人目不暇接。而最令人激动的点火环节，也是一场数字技术与现实世界的完美结合。上亿名线上火炬手通过数字技术汇聚成为一支"数字火炬手"队伍，从钱塘江到开幕式现场，在这个被称为"大莲花"的体育场内奔腾而过，最后与火炬手汪顺一起点燃了主火炬。这场点火仪式显然是一场科技与体育、虚拟与现实交汇的盛宴（图 6-2）。

图 6-2　数字火炬手

随着优秀传统文化的兴起，人们对博物馆的兴致越来越高，许多博物馆引用了新的科技手段，将全息投影、数字音效、VR 虚拟现实投影等运用于展示设计，取得了非常好的效果。例如中国文字博物馆运用一系列现代科技手段，如声光电场景设置、触控红外一体机、多点背投互动、触摸屏组、幻影成像等，将原本枯燥的文字变得生动、美丽而活跃。在"甲骨文猜字谜"互动区域，多点背投互动设施通过妥善组合与改良，将红外激光发射器、视频捕捉及实时处理系统等互动技术融入其中。参观者可以在展示区域内自由互动并进行比赛，系统会自动判断对错，最终得分最高者获胜。这个展项使观众对甲骨文字形结构有更深刻的认识。科技展厅设计也呈现出了多元化、多维度的发展趋势。

北京法海寺壁画主题沉浸式数字艺术馆，运用了数字技术进行展示设计，吸引了众多观众来体验。通过数字化还原，壁画中的人物、走兽、花鸟仿佛从历史中走到现实，使观众深深感受到古代画师的智慧巧思和精湛技艺。数字化展示打破时间和空间的限制，增加了观览的交互性、体验感、沉浸感，能高清展示壁画局部的精彩细节，让观众深入了解壁画的丰富历史文化内涵，促进了美的传承。

（2）3D 打印技术　3D 打印技术可以构建出三维物体，让其更加形象化地展示出来。3D 打印技术广泛应用于各个领域，为艺术与设计创造了更多的可能性。

相比较于传统的工艺，3D 打印技术为产品设计行业带来的优势不容小觑。比如汽车行业，运用 3D 打印技术，可以在数小时或数天内制作出概念模型，利用 3D 打印的快速成型特性，汽车厂商可以应用于汽车外形设计的研发。相较传统的手工制作油泥模型，3D 打印能更精确地将 3D 设计图转换成实物，而且时间更短，提高汽车设计层面的生产效率。对于消费者个性化定制需求，汽车企业利用 3D 打印技术也能提供高性价比的解决方案，无须额外制造模具，可以最大限度精简制作工序，而且能降低成本。

3D 打印应用在建筑行业，同样可以帮助建筑师更快、更省力地制作高质量的模型，并且可以使用各种材料灵活地展示他们的设计和想法。

### 2. 材料美

在社会的演进与科技的飞跃中，现代科技的发展带来了许多新型材料，这些材料在性能、质地、色彩等方面都有所不同，为设计师提供了更多的选择。例如，一些新型的塑料材料具有轻质、高强度、耐磨、抗腐蚀等优点，能够让产品更加美观、实用。一些新型的环保材料，例如生物降解塑料、低碳钢等，也随着人们环保意识的提高，逐渐被应用到设计中，既美观又环保。还有我国自主开发的发光材料——光致发光材料，它是通过科技手段将电能转化为光能，使服装在特定条件下可以发光。还有一种稀土夜光纤维也被广泛使用，这种现代科技发光材料利用稀土元素的特性，将电子活动转化为光能，呈现出多彩的光效。发光材料在服装设计中的使用，推动了服装设计朝着智能化、个性化的方向发展。另外，在建筑上，节能环保的绿色材料与智能建造技术相结合，为人们创造了更健康、舒适的居住环境。众多新型材料能够更好地适应人体工学和心理学等方面的要求，使设计的产品更加舒适、贴心和易用。

　　科技与艺术设计的结合，给设计师带来了新的理念、新的表现空间，以及对传统媒介设计形式的反思。这种结合，不仅带来了新的设计灵感，而且通过新技术、新材料的应用，拓展了新的视觉形式，触动了原有的设计风格，影响了人们对于设计的审美价值观念。在现代科技的影响下，设计师们可以利用先进的技术和工具，更好地理解用户需求，提供更贴合用户的设计作品。同时，科技与艺术设计的结合，也使得设计更具创新性，更能满足人们对于美的追求。

　　总之，现代设计不仅仅是创意、工艺的比拼，更多科技元素越来越多地在设计中体现，使得设计更人性化、更有趣、更具互动性。现代科技的发展为设计提供了更多的可能性和选择，让设计师能够更加自由地发挥想象力和创造力，创造出更加独特、美观、实用的作品。同时，设计也可以为科技的发展提供支持和帮助，设计师利用设计手段，为科技产品提供更为优秀的用户体验和界面设计，这样不仅可以提升科技产品的市场竞争力，还使设计之美从内而外大放异彩。

## 【美的思辨】

1. 试分析传统设计与现代设计的异同点。
2. 看完下面的案例，你如何理解科技与设计的关系？请说一说。

### 国家速滑馆"冰丝带"

　　国家速滑馆"冰丝带"（图 6-3）是 2022 年北京冬奥会主赛区的标志性场馆，也是这次冬奥会唯一新建的冰上竞赛场馆。国家速滑馆的曲面玻璃幕墙设计让每一位慕名而来的观众充满惊叹和幻想，以冰和速度为主题设计的"冰丝带"是由 3360 块曲面玻璃幕墙拼接而成的，超白玻璃彩釉印刷灯带勾勒出 22 条绚丽的"丝带"。"丝带"轻盈飘逸，灵动柔美，犹如速滑运动员在冰上高速滑行时冰刀留下的轨迹，同时 22 条"冰丝带"又象征着 2022 年北京冬奥会举办年份。

　　构成"冰丝带"幕墙的每块曲面玻璃尺寸、弧度都不相同，3360 块独立的曲面玻璃通过机械配合工人在现场进行安装，严丝合缝地嵌入 160 根 S 形钢龙骨打造的框架中。外立面玻璃状透明体上的冰花图案，为场馆披上了一套晶莹剔透的外衣。当夜幕来临，"冰丝带"在华美的韵律中流动着炫彩亮丽的线条，灵动而又璀璨。

　　速滑馆的巨型天幕下没有一根柱子，而是用钢索"编织"世界上跨度最大的单层双向正交马鞍形索网屋顶。从高处望去，一个巨大的马鞍状天幕"绷"在了场馆的上方。更令人意想不到的是，这种结构设计使国家速滑馆的用钢量仅为传统屋面的四分之一。

图 6-3　"冰丝带"场馆

穿梭在场馆之中，阳光透过弯曲的玻璃幕墙洒进场馆，使人仿佛置身于蓝天之下的冰雪世界，心情愉悦。国家速滑馆内部以蓝、白两色为主色调，舒适开阔，营造了中国式的美学意境。

"冰丝带"场馆设计中的科技之美，给人们带来了更多心灵的启迪和审美的愉悦，在冰上竞赛场馆建设史上写下了流光溢彩的一笔。

## 【向美而行】

用摄影等形式将你看到的充满设计之美的物体拍下来，并在全班进行赏析和讨论。

# 第二节　创造之美

世界上所有美好的事物都是创造力的果实。

——英国思想家、哲学家米尔

## 【美的赏析】

大型工业纪录片《智造中国》记录了中国正在发生的工业智能和数字化变革，立体呈现了中国制造业数字化转型、智能化升级的进程，生动描绘了中国现代化、科技化的壮阔图景以及智能制造的澎湃力量。我们深刻地认识到了科技和创造带给人们的美好，看到了科技工作者们勇于探索、敢于创新的精神风貌。

在新时代技术变革的宏伟画卷中，科技工作者们以昂扬的精神面貌，或耕耘于精密制造的研究中，或徜徉于浩瀚无垠的太空中。他们用自己的智慧引领着技术的变革，让科技和创新带来的美妙世界展现在人们眼前。

## 【美的视线】

创造是人类作为智慧生命体所独有的核心能力。从最早期的石器时代到如今的数字化时代，人类始终在不断地探索、创造、发展。从整个人类发展史来看，其实质就是一部光辉伟大的人类发明创造史。

## 一、创造的意义

### 1．满足人类的生活需求

人类需要创造，首先是出于满足生活需求的目的。早在远古时期，人类为了获得更多的食物和保护自己不受猛兽攻击，开始制造和使用各种工具，这是人类最基本的需求。随着时间的推移，人类在生产生活中还创造出了语言、文化、科技，这一切使得人类的生活更加便利、舒适、丰富和美好。

### 2．推动人类的文明发展和进步

纵观人类的文明发展进程，其实就是一个从无序到有序且不断创造、创新、发展的过程。人类在探寻、总结和改进过去经验的基础上，不断发展和创造新的社会制度、文化形式、科学技术等。当今社会，创造的意义很大程度在于拓展了人类的想象力和创造力，推动了社会进步和文明发展。

### 3．推进人类的自我认知和思考

人类在创造的过程中，会不断地探究和思考自己的认知和思维方式，从而发现自己认知和思维的局限，进而超越自我，不断地更新自己的认知体系和思考方式，并且在不断的探索中开拓更远的领域。

### 4．为人类的未来拓展道路

人类的创造能力使得我们拥有了解决未来问题的能力和技术，也能够使我们在面对未来的艰难险阻时，可以凭借着我们的智慧和创造力，为人类的未来拓展道路，拓宽发展机遇。在未来，创造对于社会发展、社会进步的推动将会起到越来越大的作用。

在 21 世纪高速发展的今天，我们必须懂得创造之美、科技之美。创造作为人类脑力和体力劳动的一种方式和过程，劳动带来的幸福感以及劳动创造的愉悦感本身就是一种美。所以相信科技的力量、相信创造的力量，让科技造福人类，创新引领未来。

## 二、古今创造之美

### 1．古代发明创造之美

英国科学家李约瑟曾在他的著作《中国科学技术史》中提到："中国人在许多重要方面有一些科学技术的发明，并在公元 3 世纪到 13 世纪之间保持一个西方所望尘莫及的科学知识水平。"可见，中华民族的科技活动有着悠久的历史，并在很长的一段时期处于世界科技舞台的中心，曾经为人类发展作出巨大的贡献，中国古代科技的成就是人类的一笔宝贵财富。

中国有着五千年的悠长历史，谈到中国古代的发明创造，几乎所有人都会想到造纸术、印刷术、火药和指南针。可以说，中国的"四大发明"举世闻名，对中国古代的政治、经济、文化的发展产生了巨大的推动作用，经各种途径传至西方，对世界文明发展史也产生了巨大的影响力。1861—1863年，马克思和恩格斯更是将这些发明的意义推到了一个高峰，马克思在《机器、自然力和科学的运用（蒸汽、电、机械的和化学的因素）》中写道："火药、指南针、印刷术——这是预告资产阶级社会到来的三大发明。火药把骑士阶层炸得粉碎，指南针打开了世界市场并建立了殖民地，而印刷术则变成了新教的工具，总的来说变成科学复兴的手段，变成对精神发展创造必要前提的最强大的杠杆。"

（1）造纸术　中国是世界上最早养蚕织丝的国家。中国古代劳动人民以上等蚕茧抽丝织绸，剩下的恶茧、病茧等则通过漂絮法制取丝绵。漂絮完毕，篾席上会遗留一些残絮。当漂絮的次数多了，篾席上的残絮便积成一层纤维薄片，经晾干之后剥离下来，可用于书写。根据史书记载和后人研究，东汉元兴元年蔡伦改进造纸术，利用树皮、麻头、渔网等为原料，通过搓、捣、炒、烘等工艺，制造出一种纤维薄片，它可以代替帛，进行书写，有力地促进了文化的传播和交流。为了纪念蔡伦的功绩，人们称这种纤维薄片为"蔡侯纸"。

自蔡伦发明造纸术后，在劳动人民的不断完善和改进下，纸的种类、质量和外观日益丰富多样，但是其造纸方法和工艺仍一直是沿用蔡伦造纸的步骤。

造纸术是人类文明史上的一项杰出的发明创造，它为人类提供了经济、便利的书写材料，掀起了一场人类文字载体的革命，人们从一幅幅纸张书卷中看到了世界的美妙。

（2）印刷术　有学者曾称"印刷术是人类历史上最顶级的科技之一"。印刷术的发明使得文字、图像等信息可以更快速、准确地传播，促进了文明和知识的交流。印刷术的发明可以追溯到唐代，当时被称为雕版印刷术，这种印刷术使用操作不太方便，它是将印刷的内容用一块一块木板反字体雕刻。直到宋代毕昇改进印刷技术，他把整块的雕版上的字拆出来，做成一个字一个雕版，小小的活字被标准化地生产出来，按照内容排序在一个方框内，用过之后，还可以收好下次继续用。这种印刷技术能够大量地印刷相同内容的读物，便于根据需要进行内容的修改和更新，为文化和思想的传播和交流提供了更加便捷的途径。当印刷术传到欧洲后，他们利用中国的印刷技术，极大地改变了欧洲的书写方式，并为文艺复兴运动提供了重要的物质条件，可以说印刷术改变了欧洲的文明进程，为推动历史、文明的发展做出了贡献。

（3）火药　火药是隋唐时期，中国古代炼丹师炼制长生不老药时偶然发明的，他们发现把硝酸钾、木炭、硫黄三种物质混合，点燃后会有燃烧和爆炸现象，这就是火药的由来。后来经过不断的改进，火药的威力越来越大，于是到了唐朝末年，火药开始正式运用于军事领域。火药是中国古代的一项重要发明，它的出现和使用使得军事技术、社会生产和文化艺术等领域都得到了极大的改变和发展，还间接促进了冶金、化学等领域的进步。

恩格斯曾说：阿拉伯人把火药和大炮经过西班牙传到了欧洲。随着资本主义的发展，精锐的火炮在欧洲被制造出来用于装备强大的舰队去征服新的殖民地，再到后来各国家地区的民族战争以及后来的世界大战中，火药发挥了重要作用，甚至影响到当今世界格局的形成。中国火药的发明和传播，推进了世界历史发展的进程。

（4）指南针　古代中国的指南针是通过在磁石上悬挂一根磁性指针制成的，通过指针的指向来判定船舶的方向。这一简单而高效的工具使得航海者可以在海上迅速确定方向，避免了在茫茫大海中迷失方向的困境。指南针的发明和应用，对中国的科技、文化、军事、经济和政治等领域都产生了深远的影响。它不仅推动了中国古代科技的发展，也促进了中国与周边国家和地区的交流和合作。欧洲航海家正是掌握了指南针导航的新技术，才有美洲新大陆的发现，绕过非洲好望角到达印度新航路的开辟，才得以完成环球航行的壮举。

指南针的发明和应用极大地改变了人类的探险和航海方式，开启了人类探索未知世界的新时代。

中国古代发明创造之美，不仅体现了中国文化的博大精深和古代人民的智慧、科技艺术，更为后人研究中国古代文化和历史提供了宝贵的资料和参考。它是中国文化的瑰宝，其独特的科技成果和创新思维也是世界科技史上的重要组成部分。

中国的"四大发明"，已经成为中华文明的一种标志。但我国古代的科技创造远不止于此，如干支纪年法、小孔成像原理、勾股定理和容圆术、天象记录、青铜弩机、浑天仪等，都是祖先留给我们的宝贵科学遗产。

### 2. 现代科技创造之美

科技自立自强是国家强盛之基、安全之要。在科技现代化的征程中，中国人民砥砺前行，励精图治，几十年间我国科技创造事业发生了历史性、整体性、格局性重大变化。载人航天、超级计算机、卫星导航、量子信息、核电技术、大飞机制造等取得重大成果，更多的中国科技、中国制造在世界的舞台绽放魅力。中国的现代科技创造，同样引领着全球地位，并创造出世界新"四大发明"，亮出"中国名片"。

（1）高铁技术　从人类对高速铁路的初探，到现在的高速发展，中国高铁在速度上不断刷新世界纪录，其技术也被公认为国际领先。从自主研发能够适应高原、高温、高寒等多种环境需求的复兴号动车组（图6-4），到世界上首次实现时速350公里自动驾驶功能的京张高铁，再到世界上最长的跨海峡公铁大桥——平潭海峡公铁大桥……中国高铁在前进道路上不断攻克技术难关和壁垒，创造了一个又一个的奇迹。尤其是复兴号系列动车组最能体现中国对于高速铁路的核心技术掌握，其整体设计以及车体、转向架、牵引、制动、网络等关键技术都是我国自主研发创造的，具有完全自主的知识产权，彰显着中国高铁技术的创造之美。

图 6-4　高铁

到2023年底，我国高铁已累计安全运行里程达4万亿公里，是世界公认最安全的高铁。中国高铁技术的成功，离不开中国政府的大力支持和铁路技术人员的不懈努力。作为全球高铁技术领域的领导者，我们也一直致力于推动高铁技术的创新与发展，旨在打造世界领先的智能高速铁路系统。随着科技发展，未来的中国高铁也将更加智能、安全、环保。

（2）中国航天　我国的航天事业创建于1956年，至今已走过几十年的发展历程。中国航天取得了一系列辉煌的成就，标志着我国已跻身于世界航天强国行列，彰显了综合国力，提升了大国地位。我国在航天领域的突破和发展，是中国科技进步的缩影。我们打破欧美先进国家的航空技术封锁，依托长期积累的技术基础和自主创造、创新的扎实实践，在导弹、火箭、人造卫星、载人航天等领域取得了令世界惊艳的成就，"中国高度"不断刷新。

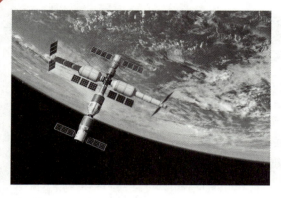

图 6-5　中国空间站

近年来，中国航天事业取得了一系列重大突破：嫦娥六号成功带回人类历史上首次月球背面采集的样本，为研究月球早期演化提供了宝贵数据；中国空间站（图 6-5）全面建成并进入常态化运营阶段，其间圆满完成多次载人飞行任务，开展了一系列科学实验，成为太空科研的重要平台；天问一号任务环绕器获取了覆盖火星全球的中分辨率影像数据，祝融号火星车在国际上首次在火星原位探测到含水矿物，为未来载人火星探测的原位资源利用提供了可能；长征系列火箭实现高密度发射，推动了商业光学遥感卫星等领域的发展；商业航天迎来新发展，海南商业发射场投入使用；中国深化国际航天合作，参与"微笑"卫星等任务，并发布了全球首套高精度月球地质图；技术创新方面，我国研制出超高纯度石墨烯产品，全球首枚成功入轨的液氧甲烷火箭朱雀 -2 成功升空。这些成就标志着中国在深空探测、载人航天、运载技术等领域已跻身世界前列。展望未来，中国制定了明确的航天发展规划，计划在 2030 年前实现首次载人登月的壮举，并持续推进探月工程四期任务，积极开展国际合作项目，向着航天强国的目标稳步迈进。

航天活动属于高科技、创新性实践。正是长期坚持自力更生、自主创新，中国航天才突破了一个又一个技术难关，取得一系列重大成功，在世界航天科技领域中占有一席之地。"北斗"指路、"神舟"飞天、"羲和"逐日、"嫦娥"奔月、"祝融"探火、"天宫"遨游太空等航天成就，让世界看到了中国航天自强自立的创造之美。

（3）中国桥梁　目前，我国以桥梁建造为代表的基建工程已经步入飞速发展的新时代。世界十大高桥中我国占了八座，世界十大最长跨海大桥中我国占了六座，"基建狂魔"和"交通强国"的称号可谓是名副其实。

建一座桥，需要跨越山海，需要突破难关，仅靠钢筋和水泥绝对支撑不起这一项又一项超级工程。这些刷新世界纪录的各种高难度的超级工程背后，无不彰显我们的智慧与创造之美，向全世界证明了中国的建造实力与技术创新的能力。其中世界最长跨海大桥——港珠澳大桥被西方国家称为"世界新七大奇迹"（图 6-6）。港珠澳大桥对促进香港、澳门和珠江三角洲西岸地区经济的进一步发展具有重要战略意义，是中国桥梁建设领域从"大国"走向"强国"的里程碑之作。同时，它也是世界上里程最长、寿命最长、钢结构最大、施工难度最大、沉管隧道最长、技术含量最高、科学专利和投资金额最多的跨海大桥，大桥工程的技术及设备规模创造了多项世界纪录。除了技术上的极大创新，大桥在设计上也兼具深厚的美学内涵，三座通航孔桥分别被赋予了不同的意义：九洲桥又称"风帆塔"，寓意"扬帆远航"；江海桥又称"海豚塔"，寓意"人与自然和谐发展"；青州桥又称"中国结"，寓意"三地同心"。

（4）大国重器　核心技术是国之重器，是实现跨越式发展的支柱，也是国家经济安全、国防安全的底线。大国重器凝聚了国家的创造力和智慧，诠释了国家的实力和先进水平。

① 国产 C919 客机。2022 年 9 月 29 日，国产 C919 获得中国民用航空局颁发的型号合格证，这一里程碑式的成就标志着我国大飞机事业迈出了坚实的一步，也彰显了中国高端制

造业崛起与创新能力。国产 C919 大型客机（图 6-7）是中国首款按照国际通行适航标准自行研制、具有自主知识产权的喷气式干线客机。它打破了波音、空客的技术垄断，在顶层规划和关键技术，以及操纵系统、发动机一体化设计、材料技术上都有重大突破。同时，国产 C919 客机美观的外形和新颖的概念设计让它揽获了二十多项相关专利，斩获各类工业设计头奖。

图 6-6　港珠澳大桥

图 6-7　国产 C919 客机

　　②"中国天眼"。它是我国具有自主知识产权的重大科研基础设施，也是世界最大单口径、最灵敏的射电望远镜。它在基础学科和工程领域中取得多项重大突破，并把中国空间测控能力由地球同步轨道延伸至太阳系外缘。古人感叹，"天边眼力破万里"，而如今"天眼"的眼力破亿光年。目前，天眼运行稳定可靠，已发现 780 余颗脉冲星，是全球发现脉冲星最多的天文观测大科学装置，还发现了首例持续活跃重复快速射电暴。"中国天眼"（图 6-8）用一次又一次的世界级发现，为我们带来宇宙级的浪漫，也为我国射电天文学发展作出突出贡献。天眼的建设让我们在很多研究领域取得重大突破，创造了多项世界之最，取得了 59 项发明专利，是中国创造的标志性成就，充分展示了中国巨大的科技创新能力。

　　③ 白鹤滩水电站（图 6-9）。它是全球在建的规模最大、技术难度最高的水电站，其主要特性指标均位居世界水电工程前列，综合技术水平在世界坝工史上名列前茅。它的建设不仅是中国水电行业的里程碑，也是中国在全球舞台上展示实力和担当的重要象征。

　　白鹤滩水电站的建设工期长达 12 年。面对河流洪水、复杂的地质环境和苛刻的建设条件，工程技术人员通过大量的自主研发和科技创新，克服种种困难，在 700 米高的陡边坡上进行大坝坝肩开挖，展示了中国在科技创新和工程能力方面取得的显著进步。它证明了中国在水电领域拥有全球领先地位，并为国际水电行业的发展树立了榜样。

图 6-8　中国天眼

图 6-9　白鹤滩水电站

　　白鹤滩水电站的建成投产，对推动长江经济带发展、防洪、发电、改善通航条件产生巨大效益，对促进节能减排、提升我国装备制造能力、助力库区脱贫攻坚和经济社会快速发展产生重要而深远的影响。

　　④ 高性能超级计算机。它是一种运算速度更高、存储容量更大、功能更完善的计算机。它属于战略高科技领域，是全球各国竞争的科技制高点，历来被称为"大国重器"。超级计算机的发展和推广，对国家安全、经济社会发展以及推动创新科技研究都有着举足轻重的作用。

　　几十年来，我国的超级计算机从无到有、从弱到强、从跟跑到领跑、从技术引进到自主研发，创造了一个又一个的奇迹。在全球超级计算机 500 强名单中，中国"神威·太湖之光"（图 6-10）以其卓越的运算速度和性能，多次蝉联冠军并获得高性能计算机应用最高奖，其处理器及所有核心部件的研发生产全部实现了国产化。此外，中国第三代自主超导量子计算机"本源悟空"投入使用，显著提升了计算性能。

　　目前，超级计算机在中国的应用领域涉及天气气候、先进制造、医药航空、地球物理勘探、新型材料等多方面，战略意义十分重大。

图 6-10　"神威·太湖之光"超级计算机

　　我们的大国重器远不止上述，它涵盖了军事、民用、科研、航天等方面。它不仅代表着我们在科技领域的成果，更是科研工作者永不服输、勇攀高峰的缩影。它承载着中国人的梦想，凝聚着中国人的智慧和勇气，彰显出科技之美、创造之美、创新之美。让我们期待更多的大国重器，创造更多的中国奇迹。

　　无论是古代的"四大发明"还是当今的"中国奇迹""中国名片"……这些都是中国创造和中国创新的缩影，彰显着各个时期创造带来的美好和便捷，而这一切离不开一代代人不断地开拓和创新。大国工匠已成为连接技术创新与生产实践的核心劳动要素，他们将先进的前沿技术在各个产业领域落地应用并融合创新。动静之间，毫厘之中，大国工匠日益成为赋能中国制造、中国创造的重要力量。他们通过自己的辛勤耕耘，打造出一张张新时代"中国名片"，彰显了我们新时代大国工匠的创造之美。

　　科技成就大国重器，超级工程离不开大国工匠。作为新时代的新青年，更应该将科技创新作为一大目标，担负起科技创新的重任，让科技之美熠熠发光，为祖国的发展尽一份力量。

## 【美的思辨】

　　有人说创造和创新是同一个概念；有人说创造和创新是不同的概念；有人说创造和创新之间虽概念不同，但两者之间存在着密切的联系，相辅相成。你怎么看待它们之间的关系？

## 【美的拓展】

### 看《奇妙中国》，赏科技之美

　　由中央广播电视总台央视频出品的 2023 年度重磅融媒体项目——系列纪实短视频《奇妙中国》，以讲述者的视角带观众踏上"科学精神的奇妙之旅"。

　　《奇妙中国》以每集五分钟的体量向观众呈现近十年来举世瞩目的中国工程与科学成就，是一系列关于超级工程的童话故事。节目秉持"思想＋艺术＋技术"的创作理念，首次将宏观视野、微观表达、童话叙述三者进行融合，在展现科技魅力的同时，将科学之美带给生活的变化和意义，生动有趣地呈现在屏幕上，让科学精神与中国智慧在观众心中浪漫绽放。

《奇妙中国》首次播出的十集节目，在"想象力"的主题之下，展示了紧密围绕科技解决现实问题的"奇思妙想"，别具匠心地进行相关选题的具体挖掘。它涵盖了航天、航海、新能源、新基建等十个不同领域的重大工程——探索中国航天深空探测的奥秘，感受"超级火箭发动机"的冰与火之歌；解锁黑暗地下世界的开路先锋盾构机，见证"地下建设者"实现遁土而行的超凡想象力，边挖掘边修建，保证地铁等一系列地下基建顺利建成运行；寻访如同现代艺术装置的发电设备，在"新蒸汽时代"看见"超超临界"的神奇与高效；走进戈壁沙漠深处，领悟"光能24小时"中人类捕捉光线、获取能量的最初梦想。此外，还有让人类实现贴地飞行的"磁悬浮列车"，让贴地飞行的奇幻梦想实现；唐代玄奘法师将塔克拉玛干沙漠视为"死亡之海"，而今环沙漠铁路铺设完成……人类的最初梦想沿着科技之路行进，在现实中开花结果，便利了大众的现代生活。

《奇妙中国》在细节中展现科技之美，在逻辑中凸显科技之力。微观影像呈现童话视角，CG动画重现科技原理，微缩模型展现科技细节，全片用工业美学打造出科技美感，创造出一个既真实可感又妙趣横生的科学童话世界。

《奇妙中国》对准大国重器，用童话般的视听语言讲述中国科技故事，在以小见大、引人入胜的微观表达中，向世界讲述中国式现代化背后承托起人民幸福生活的"国之大者"，展现其中蕴含的中国智慧、中国力量和中国精神。

## 【向美而行】

在参加社会实践或学习充电之余，用美的眼睛去发现身边的设计之美与创造之美，并举行一次设计比赛。

# 第七章

# 生活的美学

【学习目标】

- 知识目标：了解茶艺之美、服饰之美、饮食之美、非遗之美的美学内容。
- 能力目标：能够欣赏茶艺之美、非遗之美，生活中能够践行服饰之美、饮食之美。

【素质目标】

提升生活的美学品位，让生活充满诗意与美丽。

## 第一节　茶艺之美

茶，香叶，嫩芽。慕诗客，爱僧家。碾雕白玉，罗织红纱。铫煎黄蕊色，碗转麴尘花。夜后邀陪明月，晨前命对朝霞。洗尽古今人不倦，将知醉后岂堪夸。

——元稹

【美的赏析】

央视播出的节目《典籍里的中国》第二季第八期以《茶经》为主题，带领观众在袅袅的茶香之中品读《茶经》，并结合唐代的历史背景，感悟陆羽"精行俭德"的传奇一生，对陆羽"与茶相伴"的传奇故事进行了合理化创作。将陆羽与师友崔国辅、挚友颜真卿的感情，融入他撰写《茶经》的人生经历中，巧妙地将茶文化与民生经济相联系，道出了中国茶叶历史的源远流长，更通过"茶"传递了古代文人"精行俭德"的精神追求和美好品格。

【美的视线】

茶艺是一门发现美、体验美、创造美、传达美、鉴赏美的艺术，是一场以茶为载体的审美教育。在茶艺之中，美无处不在，从人之美、到茶之美、水之美、器之美、境之美、艺之美，茶艺是富有美感的体验。

中国是茶的故乡、茶文化的发祥地，茶作为中华民族传统文化的载体，承载着中华民族五千多年的文明史。

## 一、人之美

在茶艺诸多要素中，茶由人制、境由人创、水由人鉴、茶具器皿由人选择组合搭配、茶艺程序由人编排演示，人是茶艺最根本的要素，同时也是景美的要素。中国茶艺之美表现为文质并重、不拘一格、崇静尚简、内省求真。文质并重突出的是优雅和谐之美，这里的"文"是指文饰，也就是人的外表美；"质"是指人内在的道德品质，也就是内在美，文质并重也就是外表美与内涵美的统一。茶艺表演单有华丽的外表，缺乏深刻的内涵，就会显得浮躁；有深刻的思想内涵却不注重自己的仪表、表演程序和技巧，显得缺乏礼仪。因此，只有文质并重才能意境高远、韵味无穷。中国茶艺虽然有规范要求，但它却充满生活的气息和生命的活力。此外，茶艺活动中强调用自己的心去感受茶事活动，在茶艺活动中要尽可能静下心来去追求茶之真善美。茶艺仪表见图7-1、图7-2。

图 7-1　茶艺仪表（一）

图 7-2　茶艺仪表（二）

## 二、茶之美

中国的茶文化源远流长、博大精深。我国茶叶品种繁多，茶叶界有"茶叶学到老，茶名记不了"和"茶有千万状"之说，就是对我国茶叶品种繁多形象的描述，茶叶的千姿百态、丰富多彩，形成了一个形态万千的茶叶世界。

目前市场上关于茶类的划分有以下几种：

① 依据茶叶的发酵程度可以分为不发酵茶、轻微发酵茶、微发酵、半发酵茶、全发酵茶、后发酵茶，对应的六大茶类分别为绿茶（不发酵）、白茶（轻微发酵）、黄茶（微发酵）、乌龙茶（半发酵）、红茶（全发酵）、黑茶（后发酵）。

② 依据季节可以分为春茶、夏茶、秋茶和冬茶。除此之外，尚有中国农历的传统节气

来划分和命名的茶叶：明前茶，系清明节前采摘的茶叶；雨前茶，系谷雨节气前所采摘的茶叶；六月白，系第一次夏茶之后秋茶之前，即农历六月期间采摘的茶叶；白露茶，系白露节气后所采摘的茶叶；霜降茶，系霜降节气后所采摘的茶叶。

③ 依据茶叶的形状可分为散茶、条茶、碎茶、圆茶、砖茶等。

④ 依据茶叶的制造程度可分为毛茶和精茶。毛茶又叫初制茶，各种茶叶因经初制后的成品外形比较粗放，所以统称为毛茶。精茶又叫精制茶或者成品茶，就是毛茶再经筛分、拣剔，使其成为外形整齐、品质稳定的成品。

⑤ 依据茶树品种按照其叶形的大小可分为大叶种、中叶种、小叶种。

⑥ 依据产地海拔可分为高山茶、丘陵茶和平地茶。

⑦ 依据我国出口茶的类别将茶叶可分为绿茶、白茶、红茶、乌龙茶、花茶、紧压茶和速溶茶等。

⑧ 依据省份可分为闽茶、川茶、浙茶和台茶等。

⑨ 依据销路可分为内销茶、外销茶、边销茶。

⑩ 依据制造方法和品质上的差异来划分。根据各种茶叶在加工过程中茶多酚的氧化聚合程度来划分，可分为六大类，即绿茶、黄茶、白茶、乌龙茶、黑茶和红茶。绿茶茶多酚氧化程度最轻，红茶氧化程度最深。这六大茶类被称为"基本茶类"。用这些基本茶类的茶叶进行再加工，如窨花后形成花茶，蒸压后形成紧压茶，浸提萃取后制成萃取茶（速溶茶），加入果汁制成果味茶，加入中草药制成保健茶，把茶叶加入饮料中制成含茶饮料。因此再加工茶类也有六大类，即花茶、紧压茶、萃取茶、果味茶、药用保健茶和含茶饮料。

中国有一句古谚："高山出好茶，名山出名茶，好茶在中华。"中国名茶辈出，千姿百态的名茶饮尽山灵水秀，蕴蓄人间风情，从色、香、味、形到茶叶的名字都各呈风采，正如古人所言，"茶称瑞草魁""从来佳茗似佳人"。每一类茶叶都有各自的品质特征，绿茶清幽雅致，黄茶典雅高贵，白茶清透碧绿，青茶香郁味醇，黑茶浓郁古香，红茶甜润优雅。

## 三、水之美

泡茶离不开用水，水质直接影响茶汤的品质，明代张大复在《梅花草堂笔谈》中论述："茶性必发于水，八分之茶，遇十分之水，茶亦十分矣；八分之水，试十分之茶，茶只八分耳"。要使茶性发挥出来，必须用好水。宋徽宗赵佶的《大观茶论》提出水标准："水以清轻甘洁为美"。说明水要有甘甜之味、洁净之美才是好水。陆羽的《茶经》中总结了煮茶用水的经验："其水，山水上，江水中，井水下"。水质不好就不能充分发挥出茶叶的特性及色、香、味，尤其对茶汤的品质和口感影响最大。

### 1. 水的选择、水的酸碱度

水质呈微酸性：汤色透明度好。水质趋中性或微碱性：会促进茶多酚的加深氧化，色泽趋暗，滋味变钝。而 pH 值影响茶汤色泽：当 pH 大于 5 时，茶汤的色泽会加深；pH 值达到 7 时，茶黄素就会自动氧化而损失。

## 2．水的软硬度

软水泡茶：茶汤清明，香气高雅，滋味醇正。
硬水泡茶：茶汤变色，茶味变涩，茶香变浊，有失茶叶真香、真味、真色。

## 3．水的选择

不适合的水：如井水（偏碱性）、江湖水（浑浊带异味）、自来水（漂白粉）、蒸汽锅炉煮的水（熟汤味）、新水管的水（含铁离子较多）等。

适合的水：深井水、自然矿泉水、山区流动溪水、纯净水等。

## 4．冲泡水温

所谓泡茶水温，是指将水烧开之后，再让其自然冷却到适合冲泡茶叶的特定温度。

泡茶水温的高低与茶中可溶于水的浸出物的浸出速度相关，水温越高，浸出速度越快，在相同的冲泡时间内，茶汤的滋味也就越浓；反之，水温越低，浸出速度越慢，茶汤的滋味相对越淡。至于泡茶水温以多高为宜，则要根据茶叶的老嫩程度、松紧度、大小等情况来确定，粗老、紧实、叶大的茶叶，其冲泡水温要比细嫩、松散、叶碎的茶叶高。

（1）粗老茶叶　用较粗老的原料加工而成的茶叶宜用沸水直接冲泡，如乌龙茶，常将茶具先烫热后再泡；砖茶用100℃的沸水进行冲泡或采用煎煮的方式冲泡。

（2）细嫩茶叶　用细嫩原料加工而成的茶叶宜用降温以后的沸水冲泡，如高档细嫩名茶，一般不用刚烧沸的开水，而是以温度降至85℃左右的开水冲泡。这样可以使茶汤清澈明亮，香气纯而不钝，滋味鲜而不熟，叶底明而不暗，饮之可口，茶中有益于人体的营养成分也不会遭到破坏。

泡茶水温与茶叶有效物质在水中的溶解度成正比，即水温越高，溶解度越大，茶汤也就越浓；相反，水温越低，溶解度越小，茶汤就越淡。

## 四、器之美

"工欲善其事，必先利其器。"想泡好一杯茶，必须具备一套适合的器具。人们品茶，不仅讲究茶叶的色、香、味、形和心境、环境等，还要讲究茶具的艺术美，以增强品茶时的文化氛围。

茶具同其他饮具、食具一样，经历了从无到有，从共用到专一，从粗糙到精致的过程。茶具在我国有悠久的历史，它是随着我国人民饮茶的风俗而开始出现的。饮茶时，选用精美、适宜的茶具（图7-3、图7-4），不仅能衬托出茶汤的色泽，增加情趣，而且可以发挥不同品类茶叶的特点。同时，茶具本身的质地、造型、色泽、图案等蕴含的艺术内容，具有极高的艺术欣赏价值，还可使人陶冶性情、增长知识、增添品茗的情趣。

茶具种类繁多，造型千姿百态，已成为家家户户茶几上不可缺少的生活必需品和工艺品。茶具是由开始的茶碗，而相继出现了茶杯、茶壶和茶盘等成套器具。

①按用途可划分为：茶杯、茶碗、茶壶、茶盖、茶碟、托盘等饮茶用具。

②按茶艺冲泡要求可划分为：煮水器、备茶器、泡茶器、盛茶器、涤洁器等。

③ 按茶具的质地可划分为：金属茶具、陶土茶具、瓷器茶具、漆器茶具、玻璃茶具、金属茶具、竹木茶具、搪瓷茶具、玉石茶具等。

图 7-3　茶具（一）　　　　　　　　　　　图 7-4　茶具（二）

茶具的使用，往往因地而宜，因人和因茶而定。可以根据我国各地饮茶习俗择具，茶具选配可因人而定，茶具配置在很大程度上反映了人们的不同地位和身份；茶具选配还可因茶而定，民间一直有"老茶壶泡，嫩茶杯冲"的说法。老茶用壶冲泡，一是可以保持热量，有利于茶汁的浸出；二是较粗老茶叶，由于缺乏欣赏性，用杯泡茶，暴露无遗，用来敬客，不太雅观，又有失礼之嫌。而细嫩茶叶，选用杯泡，一目了然，会使人产生一种美感，达到物质享受和精神欣赏双丰收，正所谓"壶添品茗情趣，茶增壶艺价值"。

## 五、境之美

茶艺追求境之美，白居易有诗云："婆娑绿阴树，斑驳青苔地。此处置绳床，傍边洗茶器。"描写了一种意境之美。饮茶和作诗一样，强调情景交融，尤其重视意境。"境"作为美学范畴，最早见于唐代诗人王昌龄的《诗格》中："处身于境，视境于心。莹然掌中，然后用思，了然境象，故得形似"。其后中国诗学一贯主张："一切景语皆情语，融情于景，寓景于情，情景交融，自有境界"。茶艺特别强调造境，要求做到环境美、意境美、人境美和心境美。茶好、水灵、器优和恰到好处的冲泡技巧，便造就了一杯好茶，可如果再加上有一个品茶的幽雅环境，便不是单纯的饮茶了，而是上升到一门综合的生活艺术了，如图 7-5、图7-6 分别为茶席作品《鲲鹏展翅 舍得逍遥》和《一介布衣》。

## 六、艺之美

茶艺是以茶为媒介，进行艺术的、美的表演和表达。茶艺观赏者从茶和美的双重维度出发，去欣赏、感受、理解和体验泡茶人对美的表达和表现。所以茶艺的艺之美主要是要欣赏茶艺程序编排的内涵之美和茶艺操作的动作美、神韵美以及茶席设计之美。茶艺之美，美在品饮的过程。茶与人、器、水的交融过程，也就是泡茶人倒茶、分茶的过程（图 7-7）。

茶艺美育，以爱和美的名义，引领人们步入一个充满和谐与美好的世界——"让天下人尽享一杯茶的美好时光"，真正用一杯茶传递爱、智、美，将茶打造成为健康之饮、唯美之饮、文明之饮和心灵之饮。

图 7-5　茶席作品《鲲鹏展翅 舍得逍遥》

图 7-6　茶席作品《一介布衣》

图 7-7　泡茶

【美的思辨】

说一说学习茶艺能让你成为一个什么样的自己。

7-1　生活美学——茶叶分类

# 第二节　饮食之美

人间烟火气，最抚凡人心。

——陆游

## 【美的赏析】

苏东坡回杭州作地方官时发动数万民工疏浚西湖，使西湖秀容重现，又可蓄水灌田。老百姓赞颂苏东坡为地方办了这件好事，到了春节，都不约而同地给他送猪肉，来表示自己的心意。苏东坡收到那么多的猪肉，觉得应该同疏浚西湖的民工共享才对，就叫家人把肉切成方块，烹制成红烧肉，分送到每家每户。食者盛赞苏东坡送来的肉烧法别致，可口好吃，遂称之为"东坡肉"。他曾作诗介绍他的烹调经验："慢著火，少著水，火候足时它自美。"

## 【美的视线】

饮食文化是中华优秀传统文化的重要组成部分，中国博大精深的饮食文化以其独特的魅力吸引了越来越多的国际友人前来体验和探索。中国饮食在色、香、味、形上能够给人带来美的感受，是一种充满历史及文化的体验，可以说中国美学思想是直接从饮食中产生的。从中华饮食中不仅能体会到中医养生学说，还能从饮食文化中领略中华艺术成就和饮食审美风尚，感受各地的风土人情。

## 一、饮食之美的发展

中国美食文化有着悠久的历史，在古代，就有许多文献记载了关于美食的资料。例如《诗经》中就记载了大量蔬菜、肉类、豆腐等食材的烹饪方法；《周礼》中则详细记载了当时贵族的饮食制度和饮食习惯。到了明清时期，中国美食文化达到了巅峰，清代袁枚的《随园食单》就详细记载了当时的烹饪技巧和菜肴制作方法。

早在1000多年前的北宋时期，中国各地的饮食已经有了区别。在当时，中国的口味主要有两种，北方人喜欢吃甜的，南方人喜欢吃咸的，这与现代人的普遍印象正相反，沈括在《梦溪笔谈》中有记载："大抵南人嗜咸，北人嗜甘。鱼蟹加糖蜜，盖便于北俗也。"关于现代人喜欢的"辣味"，在明代辣椒传入中国后才开始出现。

到了南宋，南北的口味开始反了过来。因为北方人大量往南方移民，开始将甜的口味带过去，并逐渐成了南方地区的主要口味。而北方的饮食文化，由于受到北方少数民族的影响，口味开始变得偏咸了。

到了明代末期，中国饮食已有京式、苏式和广式之分；京式偏咸，苏式、广式则偏甜。清代中期，川菜已经形成。民国开始，形成了盛行于今的鲁菜、川菜、粤菜、苏菜、闽菜、浙菜、湘菜、徽菜"八大菜系"，"八大菜系"代表了中国各地色、香、味、形俱佳的传统特色烹饪技艺。

鲁菜即山东菜系，是宫廷最大菜系，以清香、鲜嫩、味醇著称。苏菜常被称为"淮扬菜"，是宫廷第二大菜系，也是国宴上常出现的菜系之一，造型讲究，咸甜适中，肥而不腻，重视调汤。川菜是民间最大菜系，口味麻辣鲜香。粤菜即广东菜，是中国民间第二大菜系，口味偏甜，但粤菜馆在国外影响极大，世界各国的中菜馆多数以粤菜为主。湘菜是中国民间第三大菜系，其特色是油重色浓，注重鲜香、酸辣、软嫩。浙菜风味鲜嫩软滑，清爽不腻，菜式小巧玲珑。

　　鲁菜的"糖醋鲤鱼"、苏菜的"清炖蟹粉狮子头"、川菜的"麻婆豆腐"、粤菜的"白灼虾"、浙菜的"龙井虾仁"（图7-8）等都是名菜。

图 7-8　龙井虾仁

## 二、饮食之美的体现

　　中国饮食文化讲究四大属性，"营卫论"强调通过食物达到进补的目的，"境界说"要求五味调和，"烹调法"要求灵活多变、守正创新，"美食观"则寓教于食、讲究情怀。

　　伴随着历史的进程，中国饮食文化逐步形成了自己独特的美感。

　　（1）协调统一美　中国人的食物用料、做工等都非常讲究，注重食物的色、香、味、形、器的协调统一，使人达到视觉、嗅觉、味觉等的多重享受。在烹饪过程中，厨师运用精心调配的调料和烹饪技巧，使菜肴色彩美丽、香气扑鼻、味道鲜美、造型独特，餐具也要与菜肴匹配，杜甫《丽人行》中的诗句"紫驼之峰出翠釜，水精之盘行素鳞"，烘托出美食和美器的情境。美食与美器浑然一体，是中国饮食文化的重要特点。殷周时期出现了为殷周王室或贵族们所使用的青铜饮食器具，纹样精美华丽，形制端庄。在春秋战国时期诸侯王的宴席之上，形制精巧、纹饰优美的木雕漆食器出现，并逐渐取代了青铜器皿。

　　（2）文化内涵美　中国美食不仅仅是一种食物，更是一种文化。就菜品的名称而言，命名方式就多种多样，既可以按烹饪方式来命名，如"北京烤鸭"，还可以根据历史典故、名人食趣等来命名，如"鸿门宴""东坡肉""护国菜""佛跳墙""麻婆豆腐"等。还可以用一些吉祥的祝福字句来命名，这在清宫御膳中表现得尤为突出，如"万年如意""江山万代"等。在民间，也常用一些象征吉兆的菜名，如发菜炖猪蹄，名为"发财到手"，冬菇摆在青菜上，名为"金钱满地"等。还有蕴含丰富的历史和文化内涵的，如"龙井虾仁"就是融合了杭州龙井茶文化和虾仁烹饪技巧的一道名菜。

（3）医食结合美　中国人讲究"食疗"，中国很早就有"医食同源""药膳同功"的说法，注重食物相生相克的搭配，注重通过饮食来达到养生保健的目的。中国最早的医书《黄帝内经》中就提出了"五谷为养，五果为助，五畜为益，五菜为充，气味合而服之，以补精益气"的膳食搭配原则。

（4）饮食礼仪美　餐饮礼仪的要求非常严格，中华民族的传统在餐饮之中得以体现。《礼记·礼运》中说："夫礼之初，始诸饮食。其燔黍捭豚，污尊而抔饮，蒉桴而土鼓，犹若可以致其敬于鬼神。"礼最初产生于饮食行为，而饮食也是受礼制约和规范的部分。古代人们的进食礼仪，在《礼记》中有详细记载。

中华饮食不仅烹饪方法多样，而且非常重视五味调和，通过菜肴色、形、味的塑造以及餐具的选择与搭配，达到景、情、意的融合，体现"食不厌精，脍不厌细"的古训，展现中国烹饪文化的精髓，再加上源远流长的餐饮礼仪，体现了中华饮食的生活美学。

### 【美的思辨】

中国饮食之美体现在哪里？

## 第三节　服饰之美

中国有礼仪之大，故称夏；有服章之美，谓之华。

——《春秋左传正义》

### 【美的赏析】

为弘扬中华传统文化，营造温馨欢乐的过年氛围，苏州轨道交通集团在2024年春节期间推出了特别活动：从除夕至正月初八，穿着全套传统汉服或中国少数民族服饰的乘客可以免费乘坐苏州地铁。

该消息引发网友热议，不少网友发文支持，认为"好有意思，增添节日氛围感""这样既可以成为城市特有的风景，又穿出了传统文化""虽然我自己没有汉服，但看看别人穿也挺开心"。

粉墙黛瓦，小桥流水。当人们春节期间穿上独具特色的传统服饰，搭乘公共交通工具，或漫步于古色古香的老街老巷，或徜徉于精巧雅致的苏州园林中，不仅给这个春节平添了一份热闹、美好、祥和的氛围，更让大家深刻体验到中国传统文化的魅力。

近年来传统服装受到大量消费者尤其是年轻人的喜爱，已经成为一种时尚潮流的体现。

### 【美的视线】

正所谓"服饰之美谓之华，礼仪之大谓之夏"。中国自古就被称为"衣冠上国、礼仪之邦"。我国上下五千年，积淀了丰厚的服饰文化。生活四大要素"衣食住行"，缺一不可。"衣"排在首位，自然也证明了它的重要性。随着社会的发展，衣服除了遮羞蔽体、御寒保暖的功能以外，又逐渐具有了美化形体，象征个人身份、地位、品位的功能，成为一种文化的承载物。不少有关服饰的词语也由此具有更加深层的文化内涵。

服饰是最具中国特色的文化成就之一，服饰之美展现了东方大国的含蓄婉约。中国传统服饰成型于春秋战国时期，"衣裳相连，被体深邃"是其最大的特点，着衣使身体毫不外露，称之为"深衣"，给人雍容华贵、大方得体的感觉。"深衣"的诞生对中国传统服饰的美学样式产生了深远的影响，体现着中国礼仪文化的烙印。以"深衣"为基本特征的袍服成为我国古代服饰的基本形式，还形成了关于车舆服饰的典章制度。在之后的朝代里，以"深衣"为特征反映中国哲学美学和传统文化思想的服饰设计思路一直延续下来，"深衣"所展现的整体风貌和风格特色也得到传承。先秦时期肃穆端庄的曲裾、飘逸灵动的广袖襦裙；隋唐时期华美艳丽的襦裙、轻薄如纱的罗衫抹胸；宋代婉约清丽的褙子、娴静典雅的披风；明代华贵端庄的袄裙、仪态万千的立领长袄……装饰风格迥异，色彩浓烈淡雅，衣必文绣，造型独特，呈现浓烈的东方文化风格。服饰的变化也代表古人审美的变化，从喜爱端庄贞敬到追求五彩缤纷，再到回归清雅简约，传统服饰随人体活动展现不同风姿，服饰的浪漫、飘逸、灵动、随性、自然、诗意和舒放自如在人的一举一动和谈笑风生间被展现得淋漓尽致。这种美如影随形，让人"舍形而悦影"，是人与服饰共同呈现的韵律和魅力，表现出一种"气韵生动"的意象之美。

服饰的变化与社会的进步发展息息相关，随着生产力的不断提高，物质产品的丰富，人们的审美观念也在变化，对美的追求也呈现不同的风格。服饰的品牌、材质、颜色、造型等都是要考量的方面。新中国成立初期，人们在服装上还保留着民国时期的样式，长袍、旗袍等传统服饰仍占有一席之地。改革开放前，中山装、列宁装、工装裤、绿军装等都曾代表了那一时期的服饰风格，那一阶段服装的颜色也多以蓝、绿、黑、灰为主，比较单一。改革开放后随着经济的搞活，人们对服饰的选择越来越朝着多元个性化发展。美观、新奇的样式很受青睐，色彩与样式单一，以实用为主的衣服不再流行，运动装、蝙蝠衫、喇叭裤曾风靡一时。进入21世纪以来，思想观念的进步、国民经济的飞速发展、人们生活水平的提高，都影响着人们的审美倾向，不同群体的衣着服饰越来越自主化、个性化，各种风格的服装层出不穷，人们在追求美的同时也更加注重服饰的舒适感、形态美，既有走在时尚前列的国际大牌的流行服装，也有返璞归真、简单自然的手工制品，同时高级私人定制的服饰也出现在大众面前。

## 一、传统服饰之美

服饰有变化与不变之处，变的是形式，不变的是意蕴。传统服饰观如同绵绵丝缕斩不断又理不清，影响着当代中国人的着装思维与形象塑造。APEC会议多国政要身着的唐装、奥运会礼仪小姐的礼服，以及汉服文化传播与复兴活动等，都传达出中国服饰审美内涵的传承与创新。

### 1. 汉服

汉服又称汉衣冠、汉装、华服，指汉民族的传统服饰。它不是指汉代的服饰，而是指汉族传统服饰。汉服包括衣裳、首服、发式、面饰、鞋履、配饰等共同组合的整体衣冠系统，融合了华夏文化的纺织、蜡染、夹缬、锦绣等杰出工艺和美学，传承了30多项中国非

物质文化遗产，体现了锦绣中华、衣冠上国、礼
仪之邦的美誉。

汉服是从"黄帝、尧、舜，垂衣裳而天下治"
的衣裳发展而来，是汉民族传承四千多年的传统
民族服装，四书五经对汉服礼服有详细的描述。
汉服几千年来的总体风格是以清淡平易为主，讲
究天人合一。汉族古代的袍服最能体现这一风
格，它的主要特点是宽袍大袖、褒衣博带。汉服
也体现出穿着者的宽大胸怀、随和性格以及包容
四海的气度。这种袍服充分体现了汉民族的柔静
安逸、娴雅超脱、泰然自若的民族性格，以及平
淡自然、委婉含蓄、清新典雅的审美情趣（图7-9）。

图 7-9　汉服

### 2. 旗袍

旗袍是中国传统女性服饰的代表，旗袍的美是东方含蓄的美。旗袍线条简洁、色彩绚
烂、风格优雅，从内在到外在获得和谐，是最具风情的中国符号之一。可以说，没有哪一种
服饰能够像旗袍一样，衬托出女性的曲线美。

旗袍最早是清代旗人日常所穿的长袍。直线剪裁，下摆肥大，长至脚面，可以有效地
抵御北方冬季的严寒气候，因此更加注重实用，将女性的曲线掩盖在层层叠叠的衣饰之下。

民国时期，女性在新文化运动影响下，开始意识到自身的存在。受到欧美服饰的影响，
旗袍造型开始改变，纤长、收腰，并大胆地引入了开衩设计。这时的旗袍经过了彻底的改
良，中西合璧，又有民族特色，体现了女性的曲线美。民国时期的旗袍，反映了当时社会的
中西文化的碰撞与交融，中国传统与现代的碰撞与交融（图7-10）。

现代旗袍，把艺术气质和生活元素融合在一起，图案款式上都进行了大胆创新。

图 7-10　旗袍

### 3. 中山装

图 7-11　中山装

中山装是孙中山先生设计的，他借鉴了中式服装与西式服装的特点，设计出了一种既实用又具有时代精神的服装，其设计蕴含着丰富的政治和思想含义。这种服装最早出现在辛亥革命时期，作为革命者的标志性服饰，象征着反抗外来侵略、追求民族独立的精神。中山装的形制包括立翻领、对襟、前襟五粒扣、四个贴袋、袖口三粒扣，以及背部不破缝的设计，象征着"国之四维""五权宪法学说""三民主义""严谨的治国理念"和"国家和平统一"。中山装融合了传统与现代、东方与西方的元素，承载着孙中山先生的政治抱负和民族复兴的梦想，是中国近现代史上不可或缺的文化符号。中山装作为中国人推崇的常式礼服，同时承载着一种文化、一种礼仪、一份民族自尊和自豪感（图 7-11）。

### 4. 新中式国风服饰

"新中式"是将传统服饰元素如盘扣、水墨渲染、旗袍、斜襟、立领、潇洒廓形、曲线裁剪等这些元素融入现代服饰中，比传统国风服装更接近于日常，实穿性高。同时比现代流行服饰更加具有民族特色，体现了古典与现代的完美结合。

## 二、场合着装之美

在日常工作与生活中，不同的场合需要不同的着装方式，以此来体现自己的身份、教养与品位。正确的着装方式可以帮助人们给人留下良好的印象，同时也有助于提升自己的自信心和个人形象。

### 1. 商务正装

商务正装通常是在出席一些白天的半正式活动场合，比如出席商务会议、拜访客户、签协议、工作午餐会等。对于女士来说，一件剪裁得体的裙装或者套装搭配高跟鞋即可，保持中性色彩，呈现严肃感。男士可以穿着西装、衬衣、领带和正装皮鞋。

男士西服的标准搭配，西服不等于正装，西服是为了有别于"中式服饰"而得名，但不等同于正装，大体可分为正装西服和休闲西服。正装西服其上下两件必须是一套的，必须是用同一种面料做成，纹路的方向要一致。通常有两种款式的西服可以选择，即两粒扣和三粒扣的西服。单粒扣和多粒扣的西服都不是标准的正装。商务正装西服颜色应以深蓝、深灰为宜。黑色西服属于礼服系列或者工装系列（图 7-12）。

### 2. 通勤服饰

通勤穿搭是指上下班途中的一种穿衣方式，它不像职业装一样严肃、正式，也不像休闲穿搭一样随性。通勤装是职场风格和休闲穿搭之间的一个产物，穿着舒适又十分优雅，不管逛街、上班还是朋友聚会都能穿，几乎适用于所有的日常活动，具有很强的实用性。

图 7-12 商务正装

通勤服饰的特点：舒适度高、简洁、大方和质感好。

这里建议大家挑选衣服一定要考虑有弹性、透气性的面料，比如高品质的棉麻、针织、涤纶等材质，配合挺括的版型，提升穿衣舒适度的同时又显得上档次。

打造通勤穿搭，一定要以简洁、大方的服装为主，这是区别职场与休闲穿搭的关键。比如，带有休闲感的针织衫、衬衣、直筒牛仔裤、西装等单品，有职场穿搭的正式感又不失休闲感，穿在身上十分舒适，很适合打造通勤穿搭。

衣服的质感一定要好，看整个穿搭有没有档次和品位，主要和服装的材质有关系。好面料和有质感的服装具有独特的观赏性，轻轻松松让通勤穿搭变得很有格调，还能带给人一种简单、时尚的既视感。

### 3. 休闲服饰

休闲场合如休闲聚会、假日度假、街头漫步等，注重舒适度和个性展示。男性可以选择休闲的 T 恤、衬衫或 Polo 衫，搭配合适的牛仔裤或休闲裤。女性可以选择休闲的上衣、T 恤或连衣裙，搭配牛仔裤、短裙或短裤。可以选择一些比较鲜艳的颜色，如红色、橙色等。

### 4. 社交服饰

社交场合如宴会、音乐会、舞会、聚会、沙龙等。社交场合着装的基本要求是时尚个性、与众不同，穿时装、穿礼服、穿民族服装是比较好的选择。如果打扮得过分正规，穿套装、制服，则未必得体。

总之，无论身处何种场合，都要注意自己的仪表和言行举止，保持自信和礼貌的态度。穿着只有既能展现自己的个性，又能贴合身边环境，才是和谐的美。服饰和人要和谐，服饰和场合也要和谐。美，从穿对场合开始。

【美的思辨】

　　场合着装体现了一个人的人文修养，请思考，如何在不同场合体现自己的风格，结合自身特点选择适合自己的服饰。

# 第四节　非遗之美

　　非遗之美，承载着历史的记忆与情感。

【美的赏析】

图 7-13　武强年画

　　武强年画（图 7-13）是一门古老而独特的艺术。它源于杜木刻板，采用黑、红、绿、黄、紫、粉等多套色水印技术。在古代，每一幅武强年画都是纯手工描绘的，充满了艺术家们的热情和心血。然而，随着市场的需求和雕版印刷术的兴起，武强年画逐渐形成了木版套色年画，手工刻版、手工拓印，绘、刻、印紧密结合，古朴而精美。武强年画的构图丰满、线条粗犷、设色鲜亮、装饰夸张，充满了浓厚的节俗特色。无论是喜庆的春节，还是热闹的元宵节，武强年画都能以其独特的艺术魅力，为人们的生活增添色彩。武强年画富有民间生活情趣和民间艺术色彩，背景简括，不拘细节，主题突出，选材大都与民间习俗和生活有密切联系。无论是丰收的喜悦，还是对生活的热爱，都能够在武强年画中找到共鸣。武强年画以独特魅力，吸引着人们的目光，让人们在欣赏它的同时，也能感受到那份浓厚的民间生活情趣和民间艺术色彩。

【美的视线】

　　非遗是一个国家的灵魂，是中华民族几千年来积累的精神瑰宝。无论是小到一支小曲，还是大到一幢宏伟的建筑，非遗都在以各种不同的形式，向全世界展示着祖先留下的精神财富。传统并不意味着陈旧，现代也不意味着新鲜，时代发展的必然趋势是用新的审美观念去发掘传统审美事物的魅力，这正是非遗传承的魅力所在。

## 一、非遗定义

依据我国 2005 年 3 月颁布的《国家级非物质文化遗产代表作申报评定暂行办法》，非物质文化遗产指的是各族人民世代相传的、与群众生活密切相关的各种传统文化表现形式和文化空间，包括民俗活动、表演艺术、传统知识和技能以及与之相关的器具、实物、手工制品等。

## 二、非遗分类

根据《国家级非物质文化遗产代表性项目名录》记载，我国共收录了 3610 个项目，这些项目被国家级名录划分为十大门类，分别为：

（1）民间文学　其中包括《白蛇传传说》《孟姜女传说》《木兰传说》《盘古神话》等。

（2）传统音乐　其中包括"蒙古族呼麦""唢呐艺术""辽宁鼓乐""江南丝竹""山西民歌"等。

（3）传统舞蹈　其中包括"井陉拉花""龙舞""秧歌""朝鲜族农乐舞""瑶族长鼓舞"等。

（4）传统戏剧　其中包括"昆曲""川剧""秦腔""晋剧""河北梆子"等。

（5）曲艺　其中包括"苏州评弹""京韵大鼓""东北二人转""相声""评书"等。

（6）传统体育、游艺与杂技　其中包括"吴桥杂技""太极拳""围棋""赛龙舟""蒙古族摔跤"等。

（7）传统美术　其中包括"武强年画""热贡艺术""剪纸""石雕""泥塑"等。

（8）传统技艺　其中包括"景德镇手工制瓷技艺""蜀锦织造技艺""苗族蜡染技艺""客家土楼营造技艺""雕版印刷技艺"等。

（9）传统医药　其中包括"中国传统制剂方法""针灸""中医正骨疗法""藏医药"等。

（10）民俗　其中包括"端午节""火把节""炎帝祭典"等。

## 三、非遗赏析

### 1. 中国剪纸

在乡间，古老的剪纸大都出自农家妇女之手。她们通过灵巧的双手，从花鸟鱼虫到亭台树木，多种自然景物和生活见闻转化成一幅幅生动的剪纸作品。这些装饰用的剪纸图样，大多取材于日常生活、趣味朴素、风格天然，寄托着人们对于美好生活的憧憬和向往。春节期间，窗花是较为普遍的装饰物，多为团花对称图案，寓意圆满。这些窗花不仅代表辞旧迎新、迎福纳祥，还反映着农耕社会的传统习俗。除了春节常用的窗花之外，如果遇到家中有婚庆喜事时，也会由心灵手巧的妇女们剪出各种吉祥图案，贴在庭院和家宅的门窗、柜面、棚顶上，美化居家环境，营造出祥和喜悦的氛围来。随着时间的推移，剪纸艺术也在不断发展和创新，剪纸逐渐由一刀多张改为刻画裁切，艺人也逐渐不限于妇女。剪纸技法也积累出多种复杂的技艺，不再限于供应家庭内部。色彩也由大红的单色，逐渐增加了拼色、套色、染色、衬色等样式，更为吸引人。

中国的剪纸艺术丰富多彩，在甘肃和青海等地区，人们还流行将剪纸和折纸工艺相结

图 7-14　蔚县剪纸

合，创造出独特的设计。而在广东佛山，人们更注重使用金银箔纸进行剪刻，再搭配多种颜色的纸张，使作品显得更加丰富华丽。不同地域的剪纸有不同地域的特点。

例如河北蔚县剪纸。蔚县剪纸是始于清朝道光年间，历经一百五十年的传承与发展，是一种以阴刻为主的点彩剪纸，以其精细的刀工和艳丽的色彩而闻名，当地称为窗花。内容包括戏曲人物、鸟虫鱼兽以及对农村现实生活的描绘等，作品构图饱满、造型生动、色彩璀璨，在浑厚中展现出细腻，在纤巧中显现出纯朴。当它们被贴在纸窗上，透过户外阳光的照射，它们显得分外玲珑剔透、五彩缤纷，特别鲜活和灵动，为生活带来一种欢快、明朗、清新的情感（图 7-14）。

## 2. 中国刺绣

中国刺绣是一种独特的传统工艺品，历史悠久。在秦汉时期，刺绣工艺技术就已发展到相当高的水平，与丝绸一同成为汉代封建经济的重要支柱，也是古代丝绸之路上的主要出口商品之一。刺绣对纺织工艺技术的发展和丰富世界的物质文明作出了重要贡献。中国的四大名绣分别是苏绣、湘绣、粤绣和蜀绣，它们来自不同的地方，但都因其高超的技艺和独特风格而享有盛名。

例如苏绣。苏州的刺绣历史悠久，已有超过 2000 年的历史。苏绣的艺术风格以其淡雅、素洁、清秀、隽美的特点著称，图案优美、构思巧妙、绣工精细、针法生动、色彩清新，富有浓郁的地方特色，分为实用和欣赏两大类别。

## 3. 皮影戏

皮影戏起源于两千多年前的西汉时期，兴盛于汉朝，并在宋代达到了巅峰，成为最受市民喜爱的文艺活动之一。在元代，它还传播到了西亚和欧洲，历史悠久，影响广泛。它的发源地在中国的陕西，而在河北，皮影戏在清代达到了其艺术的巅峰。皮影戏的艺术形式独特，它采用牛皮、驴皮、马皮、骡皮等材料，经过选料、雕刻、上色、缝缀、涂漆等多道工序制作而成。上色时，主要使用红、黄、青、绿、黑等五种纯色。皮影戏对于中国的戏曲发展有着深远的影响，许多地方戏曲剧种都从皮影戏中汲取了灵感。同时，皮影戏的幕影演出原理和艺术手段，也为电影的发明和美术片的发展起到了重要的先导作用。

例如河北唐山皮影。唐山皮影以线条作为造型的重要元素，通过简洁而富有的表现力的线条，勾勒出生动鲜活的人物形象。人物造型多来源于现实生活，通过描绘人物特征，雕刻出符合这一类的人群，形成各具特色的人物形象。男性形象通常高大威武、大脸宽额、孔武有力，显示了当时社会男性的社会地位。相反，女性的形象多为娇小依人、清秀可人，从侧面反映了当时社会男尊女卑的社会风气。除了性别差异，人物的身份性格也各有不同。文人大多表现为眉清目秀、气宇轩昂、文质彬彬、穿着整齐。武将则多为正气凛然、威武刚毅（图7-15）。

### 4. 传统中医

中医是在古代朴素的唯物论和自发的辩证法思想指导下，中国人民通过长期医疗实践逐步形成并发展成的医学理论体系。中医学以阴阳五行作为理论基础，将人体看成气、形、神的统一体，通过"望闻问切"四诊的方法，分析病机及人体内五脏六腑、经络气血的变化，进而以辨证论治原则，制定"汗、吐、下、和、温、清、补、消"等治法，使用中药、砭石、针刺、推拿、按摩、拔罐、气功、艾灸、食疗等多种治疗手段，使人体达到阴阳调和而康复。中医学独特的理论体系有两个基于"天人合一""天人相应"基础上的基本特点，一是整体观念，二是辨证论治。它的基础理论是对人体生命活动和疾病变化规律的理论概括，它主要包括阴阳五行、气血津液、脏象、经络、运气等学说，以及病因、病机、诊法、辨证、治则治法、预防、养生等内容。作为中国传统医学四大经典著作之一的《黄帝内经》，在这些理论上作出了巨大的贡献。

图7-15　唐山皮影

【美的思辨】

1. 非物质文化遗产传承的核心内涵是什么？
2. 我国的非物质文化遗产众多，有些将面临消失，针对这一问题，请你提出一些相应的保护措施。

【美的拓展】

#### 瓷器赏析

陶瓷艺术是中国优秀文化的重要组成部分，历史悠久，种类多样。按窑口可以分为汝窑、官窑、哥窑、钧窑、定窑；按颜色分为单色釉瓷和彩色釉瓷。

## 一、按窑口分类

### 1. 汝窑

汝窑瓷器是皇家御用的珍贵物品，在宋代"汝、官、哥、钧、定"五大名窑中位居首位。汝窑造型古朴大方，采用珍贵的玛瑙作为釉料，色泽独特，因此有"玛瑙为釉古相传"

图 7-16　定窑白瓷婴儿枕

的美誉，被世人称为"似玉，非玉，而胜玉"，其釉层较厚，敲击起来声音如磬。汝窑通常都有极小蝉翼纹细小开片，带给人们一种不同的视觉美感。

### 2. 定窑

定窑（图 7-16）是宋代北方的著名瓷窑，始于晚唐，历时约 700 年，其时间跨度在五大名窑中是最长的，窑址位于河北曲阳涧磁村。定窑白瓷胎薄轻巧、质地细洁、色釉乳白，其装饰手法有刻花、印花、捏塑等，常见的纹饰有莲花、牡丹、萱草等，画面简洁生动。

### 3. 钧窑

钧瓷，其工艺技术在宋徽宗时期达到了巅峰，北宋钧窑的蚯蚓走泥纹是其一大特征。钧瓷的价值在于其釉面随心所欲的表现力，"入窑一色，出窑万彩"的窑变现象，构成钧瓷的特殊美感和艺术效果，具有很高的艺术魅力。

### 4. 官窑

宋代官窑瓷器由朝廷设立窑场，内府提供样品，民间工匠制造，士兵提供劳动，所烧制的瓷器仅供朝廷使用，主要是宫廷的生活用瓷器和陈设瓷器。传世至今的官窑瓷器种类繁多，以瓶为例，有弦纹瓶、直颈瓶、瓜棱瓶、贯耳瓶、胆式瓶、八方瓶、盘口瓶等多种造型，各具特色。

### 5. 哥窑

哥窑瓷器釉面大小纹片结合，经染色后大纹片呈深褐色，小纹片为黄褐色，也称"金丝铁线""墨纹梅花片""叶脉纹""文武片"等，这是传世哥窑的主要特征之一。

## 二、按颜色分类

瓷器按颜色分类有单色釉瓷和彩色釉瓷。

### 1. 单色釉瓷

单色釉瓷中的白釉瓷，有一种五蕴皆空的清虚。白瓷自明代开始走上巅峰，永乐时期的白瓷有"白如凝脂，素犹积雪"之誉，被后人命名为"甜白釉"。

在釉料中加入特定的金属氧化物，经过高温焙烧后，釉面会呈现出固有的色泽，这就是所谓"颜色釉"。例如，以铁作为着色剂可以得到青釉，以铜为着色剂可以得到红釉，以钴为着色剂可以得到蓝釉。

### 2. 彩色釉瓷

彩色釉瓷种类很多，有被誉为"人间瑰宝"的青花瓷，也有被称为"瓷中贵族"的釉里红，还有五彩、斗彩、墨彩等。

珐琅彩是康熙年间开始烧制的，具有色彩浓厚鲜艳、层次丰富的特点，有强烈的立体感，并具有油画的质感。它是专门为皇室玩赏和御用而生产的，数量很少，因此十分名贵（图 7-17）。粉彩瓷器是以康熙五彩为基础，发展而来的一种新型低温釉上彩瓷器，色彩柔和而富有层次（图 7-18）。

图 7-17　珐琅彩瓷器

图 7-18　粉彩瓷器

## 【向美而行】

1. 组织一次非遗参观，让同学们进一步了解优秀传统文化之美。
2. 请同学们通过多种形式，向大家介绍你最喜爱的非遗项目。

# 第八章

# 社会之美

【学习目标】

● 知识目标：了解国家形象美以及民族精神美、工匠精神美的丰富内涵及体现。

● 能力目标：能够以自身行动去践行民族精神美、工匠精神美，以实际行动为国家形象美增砖添瓦。

【素质目标】

提升学生的爱国情怀以及民族自豪感。

## 第一节　国家形象美

各美其美，美人之美，美美与共，天下大同。

——费孝通

【美的赏析】

2023 年国家形象网宣片《PRC》发布"这就是我，中华人民共和国"。"这是我，古老、深邃；这也是我，开放、年轻。"片子开头，就用了莫高窟、三星堆、指南针、兵马俑、故宫、书卷等画面展现了中华五千多年华夏文明的历史。紧接着，就是一组城市中滑滑板、跳街舞的青春场景，展示了现代中国年轻人的蓬勃生机！无人机喷洒农药、中国基建奇迹、桥梁和高铁的飞跃、火箭升空、战士们在边疆的坚守、航母的威武、冬奥夺金的荣耀、天眼工程的深邃、天宫空间站的遨游、跨海大桥的雄伟、抗灾救援的团结与坚韧等画面一一划过，"富饶、进取、友善、和平"的主题跳跃而出。大熊猫、空间站、风力发电、中欧班列、大兴机场，也有世界友人在中国科研合作、奥运赛场上的奋力拼搏、学习京剧的文化交流等，传递了"人类命运共同体"的主张，以及在自然环境、科研、体育、文化、航天、贸易等各领域共同面对"机遇与挑战"的倡议。整部影片涉及了文化文物、农业农村、科技创新、基础建设、领土与安全、人民生活、教育、民族团结和国际合作等诸多领域。

整部影片传递出了开放、友善、和平、担当、负责任的大国形象，释放出"合作、共赢"的强烈信号。古老而又年轻的中国，正不断向世界敞开大门，拥抱世界，拥抱未来，为人民创造更加美丽的明天。

## 【美的视线】

一个国家的国家形象对民众有极大的影响力、感召力和凝聚力，同时也体现了综合国力和国际影响力，并决定了国家和民族在世界上的地位，是国家"软实力"的重要组成部分。

## 一、国家形象的内涵

国家形象是特定国家的历史与现状、国家行为与活动在国际社会和国内民众心目中形成的印象和评价，既包含国内形象，又包含国际形象。在国家形象的构建中，国家的政治制度、历史、文化、资源、环境、经济发展等都是国家形象构建的重要因素。

## 二、国家形象美的体现

中华文明、中国经济、中国人、中国制造、中国符号，从长江、长城到喜马拉雅、青藏高原，从古丝绸之路到"一带一路"，从瓷器服饰到亭台楼阁，中国国家形象通过越来越多的中国元素构建并展示在世人面前。新中国成立70多年的风雨历程，使我国国家形象逐步丰满起来，并以其独特的"美"所散发出的魅力和大国胸怀对国际国内产生了广泛而深远的影响。

（1）经济成就美　我国的经济高速发展，综合国力显著增强，人民幸福指数不断攀升，中国人民实现了从站起来、富起来到强起来的历史性飞跃，人民体会到了真切的获得感、幸福感和安全感。同时也给世界各国带来了前所未有的借力中国市场促进经济发展的"中国机遇"。而今，"中国方案""中国智慧"在世界舞台大放异彩，中国国际进口博览会等展会平台的成功举办，在全球范围内产生了广泛的影响，已经成为世界经贸合作的重要公共平台。

（2）社会风尚美　进入新时代，人们更加注重将追求个人幸福与社会责任统一起来，坚持道德操守，胸怀报国理想，见贤思齐、尊重他人；注重亲情，尊敬长辈；热爱劳动，讲究诚信和努力奋斗；热爱学习，尊师重教；崇尚公平正义，关心弱势群体；树新风，摈陋习。人们以实际行动践行着社会主义核心价值观，推动着中华民族前进的步伐。

（3）文化形象美　中华优秀传统文化是国家形象的灵魂。中华文化无论在哲学思想、人文精神还是道德观念上都取得了辉煌的成就，为中华民族的前进提供了巨大的精神支持。历史长河中，四大文明古国都曾拥有灿烂的文化，但在历史的长河中有的没落、有的被淘汰，只有中华文化在曲折的进程中顽强独立、绵延不绝。优秀传统文化讲究以人为本、注重民生、崇尚正义、坚持诚信，支配着人们的行为方式、思维习惯、道德礼仪等。

中华优秀文化具有深厚根基和包容并蓄的精神，面对外来文化，我们能以开放广博的胸怀去包容和借鉴，优秀文化的自身无限的魅力加上外来文化营养的汲取，使得中华优秀文化的感召力、穿透力进一步增强。无论是中国古代的文学、传统节日、音乐、书画、剪纸、饮食、民俗、戏剧、武术、茶艺，还是现代的国家重要节日、音乐、影视剧等，都展现了中华文化的独特魅力和韵味，展现以中华文明为特色的国家之美。

大国之美，美在"魅环宇宙载风云，力透万年尽国魂"的文字，美在"廊腰缦回，檐牙高啄"的建筑，美在文化，美在艺术，美在劳动，美在创造。

## 【美的思辨】

1. 你对国家形象网宣片的哪些方面感受最深？说说你的理由。
2. 你认为国家形象美应该怎么去挖掘与宣传？

# 第二节　民族精神美

## 【美的赏析】

2024年4月8日，"感动中国2023年度人物"揭晓，他们是：高超声速风洞奠基人俞鸿儒、特教老师刘玲琍、社区干部孟二梅、泳坛名将张雨霏、水稻专家杨华德、老艺术家牛犇、友谊使者穆言灵、大国工匠张连钢、视障歌唱演员萧凯恩。他们或乐于助人，无私奉献；或脚踏实地，执着追求；或默默耕耘，攻坚克难。他们继承了中华民族的传统美德和崇高精神。中华民族凭借着代代传承的这些伟大精神，得以屹立千年而岿然不动，历经沧桑却生机盎然，这种精神需要我们一代一代传承下去。

## 【美的视线】

### 一、民族精神的内涵

民族精神是指一个民族在长期共同生活和社会实践中形成的，为本民族大多数成员所认同的价值取向、思维方式、道德规范、精神气质的总和，是一个民族的鲜明标识和牢固而持久的文化基因。在浩瀚的历史长河中，无数华夏儿女在长期的劳动实践、生产发展、迁徙融合的过程中，形成了中华民族以爱国主义为核心的伟大创造精神、伟大奋斗精神、伟大团结精神、伟大梦想精神。民族精神始终是中华民族进步的不竭动力和精神支持。

### 二、民族精神美的体现

古时中华民族崇尚以民为本、自强不息、天下为公等精神，近代以来诞生了长征精神、大庆精神、雷锋精神、红旗渠精神、女排精神、航天精神等，体现了不同时期中华民族追求理想、进步、光明的勇气，也是中华民族精神最本质、最纯粹、最真实的体现。

（1）创造精神之美　自古以来，中华民族创造的文明成果灿若星河。科技、文化、思想、艺术、历史、建筑等领域都取得了丰硕的成果。如今，无论是"上天"还是"下海"，无论是"入地"还是"超算"，又无论是"北斗"还是"量子科技"，大数据、人工智能、移动支付，高铁、桥梁、大坝、港口，中华民族用生生不息的创造精神改变着人们的生活方式，改造着世界。

（2）奋斗精神之美　　从上古时期的女娲补天、愚公移山、大禹治水等神话故事不难发现，中华民族勤劳坚韧、敢于迎难而上的奋斗精神古已有之，自强自立、拼搏进取的奋斗精神始终伴随中华民族前进的脚步，根植于中华文明的奋斗精神之美推动着中华文明不断向前发展。

（3）团结精神之美　　中华优秀传统文化蕴含了深厚的团结精神，团结精神浸润在中华民族灵魂深处。对于家庭，中国人强调"家和万事兴"，只有家人团结，家庭才能兴旺。对于国家，中国人倡导大公无私、公而忘私，追求团结。无论是国家重点项目攻关、技术革新，还是各项体育赛事、重大活动，乃至面对自然灾害、抵御外侮、追求真理等挑战，中国人民将"众人拾柴火焰高""团结就是力量""一方有难，八方支援"这些伟大团结精神演绎得淋漓尽致。

（4）梦想精神之美　　梦想是人们对未来美好生活的向往、憧憬和追求。中华民族是具有伟大梦想精神的民族。在岁月的长河里，我们的祖先早已将目光投向星空、投向未来。中国古代神话中的盘古开天、伏羲画卦等故事反映了古人怀揣梦想改造世界、实现梦想的精神，伟大梦想精神成为中华民族进步的重要因素，为中华民族奋勇前行、不断超越自我提供了精神支持。现代社会，神舟、天宫等重大空间科技成果使古时"嫦娥奔月""可上九天揽月"的梦想成真；"天堑变通途""高峡出平湖"实现了古人对环境治理的愿望；"蛟龙"深潜使"哪吒闹海"的古代想象变为现实。中国人民对美好生活的追求和实现梦想的努力令世人惊叹。

【美的思辨】

1. 民族精神中最让你感动的是什么？请举例说明。
2. 你认为的民族精神美有哪些方面？

## 第三节　工匠精神美

【美的赏析】

### 2023年"大国工匠年度人物"揭晓

2023年3月1日，由中华全国总工会、中央广播电视总台主办的2023年"大国工匠年度人物"发布活动，在四川省成都市揭晓10位"大国工匠年度人物"和40位提名人选。"大国工匠年度人物"发布活动于2018年首次举办，迄今已举办五届，共推选出50位家喻户晓的大国工匠。

此次发布的年度人物来自装备制造、水利、环境、人工智能、电力、文物保护、冶炼、气象等行业。他们有的勇攀水电领域的"珠峰"，有的守护城市管道"森林"，有的助力边疆发展，有的帮助千年文物重见天日，有的为国家新型电力系统建设作出突出贡献，有的为国之重器提供"中国心"，有的是创造千万效益的"铣工状元"，有的是在人工智能领域开疆拓土的"巾帼英雄"，有的是"沙里淘金"的"火眼金睛"，有的是"随风而动"的气象预报员。他们都是所在行业的顶尖技术技能人才，都是劳模精神、劳动精神、工匠精神的优秀传承者。

发布仪式现场播放了年度人物视频短片，邀请10位年度人物登上"匠心荣耀台"并按下手印、举起奖杯，全国总工会为年度人物颁发证书。

## 【美的视线】

## 一、工匠精神的内涵

工匠传统意义上是指手艺工人，即具有专门技艺特长的手工业劳动者，其基本特征是手艺精巧。千百年来，工匠一直是生活美学的创造者和呈现者，"一人之身而百工之所为备"，在他们身上体现了平凡而伟大的美。现在对工匠的理解除了手艺工人之外，还包括现代工业领域里的新型工匠、机械技术工匠和智能技术工匠。

"工匠"通过设计发明，生产制造了能满足人们生活及精神需求的产品，既是技术创新专家、科学发明专家，也是艺术家、哲学家，是多重身份的统一。工匠精研匠术，以匠心、匠德制造产品，通过劳动实现自我价值或人生价值。

工匠精神是一种职业精神，它是职业道德、职业能力、职业品质的体现，是从业者的一种职业价值取向和行为表现，工匠精神追求的是德艺兼修，其基本内涵包括敬业、精益、专注、创新等方面的内容。"执着专注、精益求精、一丝不苟、追求卓越"是其精神内涵。

工匠精神生动体现了以爱国主义为核心的民族精神和以改革创新为核心的时代精神，是人类的一种审美境界。工匠精神是以崇尚劳动、热爱劳动、辛勤劳动、诚实劳动的劳动精神为基础的，而爱岗敬业、争创一流、艰苦奋斗、勇于创新、淡泊名利、甘于奉献的劳模精神则是工匠精神的结果与升华。

工匠精神美是指为推进和提升人类生活品质，促进社会经济文化发展，工匠身上所体现出来的敬业之美、精益之美、创新之美。

## 二、工匠精神美的体现

数千年来，我国历史上产生了无数的能工巧匠，创造了辉煌灿烂的物质文明，也为后人留下了丰厚的文化遗产。我国已进入新发展阶段，面临着从"制造大国"向"智造大国"的升级转换，对技能的要求直接影响到工业水准和制造水准的提升。建设科技强国，推动经济社会高质量发展，更需要将中国传统文化中所深蕴的工匠精神在新时代条件下发扬光大，在全社会大力弘扬和践行工匠精神，切实提升广大劳动者的职业精神、价值观念、主体态度、质量意识、技能水平。

工匠身上所体现出来严谨细致的工作态度、精益求精的工作理念、高超精湛的工作技能、追求卓越的工作精神是干好一切工作的基础。弘扬工匠精神、展现工匠精神美意义深远。

工匠精神美主要体现在以下几个方面：

（1）爱岗敬业之美　他们对自己的工作和劳动有着高度的价值认同，视之为人生价值的实现过程，在劳动中体验和升华人生意义与价值，展现风采，感受快乐。做到"干一行爱一行、干一行钻一行"，能在平凡的岗位干出不平凡的业绩。他们立足本职岗位勤奋劳动，刻苦充实专业知识技能，不断锤炼自身技术本领。无论是三峡大坝、高铁动车，还是航天飞船，都凝结着现代工匠的心血和智慧。第一代高铁工人李万君，坚守高铁焊接一线30多年，一把焊枪助推中国高铁速度，破解"复兴号"提速瓶颈，成功突破国外技术封锁，被誉为"工人院士"；贵金属冶炼工潘从明，从业28年，历经数万次反复试验，改进贵金属提纯工艺，练就了观色辨金的"绝活"，成为国家级技能大师。

（2）精益求精之美　《庄子》以"庖丁解牛""匠石运斧""老汉粘蝉"等生动事例告诉人们，古代匠人的技艺能够达到鬼斧神工的至高境界。中央电视台播出的《大国工匠》纪录片，讲述了24位大国工匠的动人故事。这些大国工匠令人感动的地方之一，就是他们工作精益求精的态度，把产品的好坏看成自己人格和荣誉的象征。他们一生打造精品，坚守质量品质，注重细节，追求完美，有一种完美主义的"偏执"，为此不惜花费无量的时间和精力不断磨炼技能、精进技艺。高凤林，我国火箭发动机焊接第一人，能把焊接误差控制在0.16毫米之内，并且将焊接停留时间从0.1秒缩短到0.01秒。"深海钳工"管延安负责港珠澳大桥岛隧工程沉管舾装安装工作，安装前反复练习，安装中高度专注，安装后再三检查，手中拧过60多万颗螺丝零失误，创下了5年零失误的深海奇迹。

（3）创新创造之美　古往今来，工匠一直不断推陈出新，追求卓越，把技能技艺提升到更高层次。现代智能制造，对技艺提出了越来越高的难度和精度要求，不仅要有娴熟的技能，而且要求技术创新。每一个产品的开发，每一项技术的革新，每一道工艺的更新，都需要有工匠的创新技艺参与其中。铸造工人毛正石不断钻研改进传统铸造工艺，使锻造中的废品率低于国际标准。航天特种熔融焊接工高凤林，先后攻克航天焊接领域内200多项难关，将发动机泵前组件合格率由29%提升到92%，被称为"金手天焊"。

大国工匠正是依凭工匠精神，精益求精、创新创造、追求卓越，不断超越自我，迸发创新的灵感源泉。在熟练掌握行业技术的基础上，勤于思考、勇于革新，为行业技艺带来突破性贡献，不断促进生产技艺水平提升，以创新创造精神推进我国制造强国、质量强国、科技强国等重大国家战略的实现，为中华民族伟大复兴贡献着自己的力量。

新时代弘扬工匠精神，有助于培养出更多高技能人才、能工巧匠，建设成一支知识型、技能型、创新型的劳动者大军；有助于极大调动科技工作者的创新创造精神，助力实现制造强国战略目标；有助于促进以精工细作提升中国品质、以制造实力打造中国品牌，实现中国速度向中国质量转变、中国产品向中国品牌转变、中国制造向中国创造转变，并最终达成制造强国的目标。

我们要学习工匠精神，秉承工匠精神，精益求精、创新进取，让工匠精神之美处处开花。

【美的思辨】

1. 工匠精神中最让你感动的是什么？请举例说明。
2. 你认为的工匠精神美有哪些方面？

## 【美的拓展】

### 中国共产党人的精神谱系 | 工匠精神：培养更多大国工匠

从长城故宫的宏大壮观，到瓷器丝绸的精美雅致；从《诗经》吟诵的"如切如磋，如琢如磨"，到庄子笔下的庖丁解牛"游刃有余"；从拥有"四大发明"的文明古国，到连续十余年位居世界第一的制造大国……有一种实干叫中国制造，有一种传承叫工匠精神。匠心筑梦，大国崛起，中国工匠正引领中国制造打造中国品牌。

#### 1. 执着专注，坚守产业报国的初心

"在他身上集中体现了爱党与爱国、理想与现实、做事与做人的统一，充分展示了中国共产党人的先进性。"他就是"100位新中国成立以来感动中国人物""中国航空发动机之父"——吴大观。

吴大观执着一生的追求是在灾难中萌生的。在西南联合大学的临时教室，敌机投下的炸弹燃着黑烟，伴着哭号。他涌出悲愤的泪水："如果我们有自己的战机，日本人还会这么嚣张吗？"于是，已上大三的吴大观要求转到航空系。

从零起步，吴大观"把自己的人生与国家的前途、民族的命运紧紧联系在一起，为祖国的航空发动机事业殚精竭虑"：组建第一个航空发动机设计机构，领导研制第一个喷气发动机型号，创建第一个航空发动机试验基地，主持建立第一套有效的航空发动机研制规章制度……

大国工匠，大都是始终坚守一项事业、把工作做到极致的人。

#### 2. 精益求精，练就炉火纯青的技艺

"5、4、3、2、1，引爆。"随着口令的下达，爆炸声从远处传来，这是彭祥华每天重复的工作场面。

这位中铁二局二公司人尽皆知的"爆破王"，靠着一股钻劲，练就在软若豆腐的岩层上实施精准爆破的绝活。他对超前地质预报的测量、炸药分装、炮孔间距和深度等的计量，都是以"毫米""毫克"为单位，经过他装填后的炸药，爆破出来的掌子面十分平滑，从未出现超挖欠挖现象。

休息时，彭祥华总是捧着各种专业书，一本《实用爆破技术》被他翻得封面都快掉了。他说，爆破工作有很多"门道"，不学习很难跟得上技术的发展。

熟能生巧，艺无止境，工匠们在精益求精中练就炉火纯青之技，成为行业"绝活"的创始人、传承者。

#### 3. 一丝不苟，造出巧夺天工的精品

不轻视任何一处细微，不放过任何一个细节，一丝不苟、倾注匠心，才能创造出巧夺天工的精品。

陈俊武，炼油工程技术专家、催化裂化工程技术奠基人。虽年逾九旬，但几十年来，他还像个学生似的背着一个小包，里面除了装上资料、图纸，还有一沓纸片。勤做笔记、随时计算，是他从大学时代就养成的习惯。

20世纪80年代初期，陈俊武带队成功研发了新型的同轴式催化裂化装置。准备采用建设时，有人提出的否定意见模糊而有力："有可能出事故""有可能……"

"如果出了问题，我陈俊武负责！"陈俊武的底气和自信源于设计方案的缜密和精确的计算，可能出现的情况已被一一设想。最后，他的设计方案获得通过，并获得全国优秀设计金奖、国家科学技术进步奖一等奖。

每一项具体技术的研究开发与应用扩散，往往都具有严格的规程和标准，来不得半点马虎。

### 4. 追求卓越，向着更高、更好、更精努力

古文《核舟记》中这样夸赞雕刻者的精湛技艺："游削于不寸之质，而须麋了然"。中国航天科工二院283厂高级技师常晓飞则可以用比头发丝还细0.05毫米的刻刀刀头，在直径0.15毫米的金属丝上刻字……他的技术被国家评为中华十大绝技。

常晓飞的工作任务之一是加工航空航天精密零部件。一次，常晓飞接到一项新型复合材料的加工任务，这是一种极难加工的硬脆材料，一旦出现问题，将会直接导致新型武器试验失败。为此，常晓飞无数次修改编程调整刀具，变换走刀轨迹和装夹方式。经过近3个月，常晓飞终于将加工成品率从30%提高到100%。

工匠精神就是要追求卓越、敢于创新，永不满足于现有水平，永不停滞于当前状态，而要向更高、更好、更精的方向努力。

立足新发展阶段、贯彻新发展理念、构建新发展格局、推动高质量发展，需要一大批具有工匠精神的劳动者挥洒汗水、贡献智慧、创造美好生活。

## 【向美而行】

全班举行"大国之美"演讲比赛，要求主题鲜明、内容充实、条理清晰。

## 参考文献

[1] 曾繁仁.曾繁仁文集：第5卷[M].北京：中国社会科学出版社，2021.

[2] 徐若梦.美育漫谈[M].北京：九州出版社，2022.

[3] 仇春霖.大学美育[M].北京：高等教育出版社，2005.

[4] 黄高才.大学美育[M].北京：北京大学出版社，2022.

[5] 宗白华.美学的境界[M].北京：文化发展出版社，2018.

[6] 戴一圣.礼记[M].北京：西苑出版社，2016.

[7] 刘利，纪凌云译注.左传[M].武汉：长江文艺出版社，2020.

[8] 黄高才，刘会芹.艺术欣赏[M].北京：中国人民大学出版社，2012.

[9] 林家阳.艺术鉴赏[M].北京：中国轻工业出版社，2023.

[10] 范冬青.说瓷[M].上海：上海人民美术出版社，2018.

[11] 吴远征.中国工艺美术史[M].武汉：华中科技大学出版社，2013.

[12] 刘雪华.美术鉴赏[M].武汉：华中科技大学出版社，2018.

[13] 王振儒.记忆中的老手艺老物件[M].石家庄：河北出版传媒集团方圆电子音像出版社，2018.

[14] 田本相，崔庆忠.世界艺术史：绘画卷[M].北京：东方出版社，2003.

[15] 丰子恺.西洋美术史[M].北京：东方出版社，2007.

[16] 许正龙.雕塑概论[M].北京：人民美术出版社，2020.

[17] 陈师曾.中国绘画史[M].北京：中国和平出版社，2014.

[18] 黑崎彰，张珂，杜松儒.世界版画史[M].北京：人民美术出版社，2004.

[19] 葛承雍.书法与文化十讲[M].北京：中华书局，2019.

[20] 姚继琴，王霞，曾胜强.大学美育[M].北京：航空工业出版社，2019.

[21] 许飞.汉字字形美与汉字美育[D].内蒙古师范大学，2002：11.

[22] 张晶.中国古典诗词的内在视像之美[J].社会科学战线，2007(2).

[23] 黄友谊.茶艺学[M].北京：中国轻工业出版社，2021.

[24] 袁仄，胡月.百年衣裳20世纪中国服装流变（修订版）[M].北京：生活·读书·新知三联书店，2022.

[25] 芜芜.食典[M].北京：中国纺织出版社，2007.

[26] 吴梅，王国维.中国戏曲史[M].苏州：古吴轩出版社，2017.

[27] 陈建华.音乐由来事典[M].北京：人民音乐出版社，2001.

[28] 中国大百科全书总编辑委员会.中国大百科全书：音乐、舞蹈[M].北京：中国大百科全书出版社，2002.

[29] 夏兰.中国戏曲文化[M].北京：时事出版社，2007.

[30] 李茜.工匠与清代皇家建筑[D].湖南师范大学，2018.

[31] 龚皓锋.中西城市中轴线的美学分析[J].安徽建筑，2010.02.

[32] 黄丽.对《故宫博物院》的美学分析[J].河南教育学院学报，1995.

[33] 曹伟，靳新磊.高街深巷 粉墙黛瓦 月湖良田徽墨画 世外桃源里人家：徽派建筑艺术的代表西递村[J].中外建筑，2022.03.

[34] 邵和君.传统徽派建筑中的装饰艺术研究[J].新美域，2022.03.

[35] 李丹.浅析徽派建筑的美学特征[J].陶瓷，2022.10.

[36] 李建峰.中国非遗[M].武汉：长江少年儿童出版社，2022.

[37] 张静娟，李友友.剪纸[M].北京：中国旅游出版社，2015.

[38] 陈金龙.新中国70年国家形象的建构[N].光明日报，2019.09.

[39] 唐方裕.中国特色社会主义制度和国家治理体系具有显著优势[J].秘书工作，2019.12.